U0473641

深圳的
科学家故事

薛其坤 林 祥／主编

科学出版社

北 京

内 容 简 介

深圳是我国改革开放的前沿阵地，也是深化改革和科技创新的"排头兵"。这里有这样一群科学家——他们辛勤奉献、与时俱进、革故鼎新、坚忍不拔，为城市的发展和国家的科技进步立下汗马功劳。这些头顶光环的科学家离我们有多远？他们是如何成为科学家的？科学家是怎么工作与生活的？怀揣理想的青少年如何选择自己的成长道路？这本贴近生活、契合大众的科学家故事锦集给出了很好的答案。

本书围绕深圳的科学家们的人生经历，展示了他们的成长、工作、生活及感悟，消除了科学家的神秘感，读者可以从中零距离地感受爱国、创新、求实、奉献、协同、育人的中国科学家精神。

图书在版编目（CIP）数据

深圳的科学家故事 / 薛其坤，林祥主编. — 北京：科学出版社，2024.1

ISBN 978-7-03-076926-8

Ⅰ. ①深…　Ⅱ. ①薛…②林…　Ⅲ. ①科学家-生平事迹-深圳-青少年读物　Ⅳ. ①K826.1-49

中国国家版本馆CIP数据核字(2023)第218095号

责任编辑：侯俊琳　朱萍萍 / 责任校对：韩　杨
责任印制：赵　博 / 封面设计：有道文化

科学出版社 出版
北京东黄城根北街 16 号
邮政编码：100717
http://www.sciencep.com

北京市金木堂数码科技有限公司印刷
科学出版社发行　各地新华书店经销

*

2024 年 1 月第 一 版　　开本：720×1000　1/16
2025 年 4 月第三次印刷　印张：9 1/4
字数：135 000

定价：48.00元

（如有印装质量问题，我社负责调换）

本书编委会

主　编　薛其坤　林　祥
副主编　张　凌　赵　可　李舒悦　王昕皓
编　委（以姓氏笔画为序）
　　　　　王　筝　刘　卉　江　珊　许娇蛟　孙植锐　杨　柳
　　　　　杨德庭　佘惠敏　邹　江　陈　敏　周雯瑾　晏梓添
　　　　　徐　峰　韩文嘉　黎　雅

前　言
弘扬新时代"爱国奉献"的科学家精神

2020年10月，党的十九届五中全会提出"把科技自立自强作为国家发展的战略支撑"[①]。2021年5月28日，在中国科学院第二十次院士大会、中国工程院第十五次院士大会和中国科协第十次全国代表大会上，习近平总书记强调"加快建设科技强国，实现高水平科技自立自强"[②]。习近平总书记在中国科学院第二十次院士大会上的讲话指出："广大院士要在创新人才培养中发挥识才、育才、用才的导师作用。要言传身教，发扬学术民主，甘做提携后学的铺路石和领路人，鼓励年轻人大胆创新、勇于创新，让青年才俊像泉水一样奔涌而出。"[③]

经过过去四十多年的发展，我们基本完成了对主要通用现代技术的引进、消化、吸收和再创新，但是部分最尖端的核心技术仍然受制于人。本书主编、南方科技大学校长、中国科学院院士薛其坤说道："站在'两个一百年'的历史交汇点、面对世界百年未有之大变局，在未来十五年间，科技创新的使命极其重大，任务极其艰巨，须把高水平科技自立自强作为国家发展的战略支撑，彻底走通从重

[①] 中华人民共和国中央人民政府网站：中国共产党第十九届中央委员会第五次全体会议公报.https://www.gov.cn/xinwen/2022-10/12/content [2023-09-22].
[②] 习近平.论科技自立自强.北京：中央文献出版社，2023：1.
[③] 中华人民共和国中央人民政府网站：在中国科学院第二十次院士大会、中国工程院第十五次院士大会、中国科协第十次全国代表大会上的讲话.https://www.gov.cn/gongbao/content/2021/content_5616154.htm?eqid=d9f18aa100008f3b000000066462f2f6 [2023-09-22].

大原创性发现到颠覆性高技术发展的自主创新之路。"优秀的青年科技人才要具备扎实的理论基础、卓越的科学直觉、探索自然奥秘的强大兴趣和解决重大问题的强烈愿望、为祖国强大和民族复兴献身的远大抱负与理想。

城市科学精神，是城市不断走向辉煌的密匙。在深圳这所厚植创新精神的城市，科学家们敢闯敢试、追求卓越，引领深圳市民独立思考，追求真知，打造勇立潮头、奋勇争先的城市氛围。为响应党中央关于"大力弘扬新时代科学家精神"的号召，贯彻落实《深圳经济特区科学技术普及条例》，促进深圳市科普事业健康发展，提高全民科学素质，深圳市科学技术协会联合南方科技大学，邀请学术界成就斐然并热心于科普公益事业的一众科学家，共同打造了这本贴近生活、契合大众的科学家故事锦集。这本书讲述了高科技诞生与发展背后的科学家群体及创新团队，以别样的视角讲述了科学家这一科学知识和科学精神的重要承载群体的鲜为人知的成长故事，让更多青少年、年轻学子近距离了解和观察科学家群体的工作与生活，以期为其树立榜样、昂扬斗志，从而在新生代中形成崇尚科学、积极进取、勇于探索、敢于创新、爱国奉献的精神氛围。

本书是深圳市科学技术协会 2021 年度科普项目的成果，由南方科技大学教育培训中心组织编写，南方科技大学宣传与公共关系部协助。本书的主编由南方科技大学校长薛其坤、深圳市科学技术协会党组书记林祥担任，副主编由南方科技大学党委副书记张凌、南方科技大学教育培训中心主任赵可、南方科技大学教育培训中心李舒悦、深圳市科学技术协会科学技术普及部王昕皓担任。本书在编写过程中获得了书中 20 位科学家的大力支持，并经由他们一一审稿及修订。

在本书策划出版过程中，科学出版社给予了具体指导。深圳市云杰科技文化有限公司作为协办单位，给予了大量帮助。有关单位及个人提供了相应的数据及资料。在此一并表示感谢！

书中的不足之处，敬请读者批评指正。

本书编写组

2023 年 7 月

目 录

前言　弘扬新时代"爱国奉献"的科学家精神

上篇　强国梦：建功立业挑大梁

薛其坤　发现量子反常霍尔效应的物理学家 / 3

唐本忠　不断爬坡，自学成才的材料学家 / 8

张大鹏　掌纹识别、中医四诊量化及人脸美学的开创者 / 16

陈国良　非数值并行计算的"学科带头人" / 23

蔡志明　仁心仁术，使命不渝的特区建设者 / 32

中篇　事业心：科教并重守初衷

刘青松　持地磁密钥，探秘深海 / 43

庞建新　少年成才，深耕机器人技术 / 50

何佳清　十年磨剑，自创"三块板"理论 / 58

宋章启　褪半生戎装，南下鹏城做科研 / 65

徐明华　一鼓作气，从小海岛走向大世界 / 71

李闯创　领军科创，为医药企业打造"金钥匙" / 77

卢周广　匠心耕耘，为下一代点亮指路明灯 / 84

下篇　创业路：山河辽阔旭日升

朱英杰　消除成瘾记忆，推动毒品戒断 / 93

彭琴　自由探索，为生命健康保驾护航 / 100

王丛知　立足超声学，打开融合创新大门 / 105

唐圆圆　全心热爱，为环境科学挥洒青春 / 110

黄恺　BT 与 IT 融合，探寻生命的语法 / 114

孙大陟　心怀家国，用科技力量支援抗疫一线 / 119

罗丹　徜徉液晶领域，左手科研右手产业 / 125

谭斌　坚守冷门领域，把冷板凳坐热 / 131

上篇
强国梦：建功立业挑大梁

本篇介绍的科学家们心系"国家事"、肩扛"国家责"，耕植于不同的科学领域，取得一系列重大科学成果，推动中国基础科研水平拾级而上。他们为科学奉献一生，也就此书写了自己的人生华章。他们有着怎样的经历，遇到过什么困难，又是如何迎难而上的呢？

薛其坤

发现量子反常霍尔效应的物理学家

薛其坤是南方科技大学校长，北京量子信息科学研究院院长，理学博士，教授，中国科学院院士，中国物理学会副理事长，美国物理学会会士。他的主要研究方向为扫描隧道显微学、表面物理学、自旋电子学、拓扑量子物理和高温超导电性；曾获国家自然科学奖一等奖 1 项，国家自然科学奖二等奖 2 项，还曾获第三世界科学院物理奖、陈嘉庚数理科学奖、求是杰出科学家奖、何梁何利科学与技术成就奖、未来科学大奖-物质科学奖、菲列兹·伦敦奖、全国创新争先奖章等奖励，并成为首次获得巴克利奖的中国籍物理学家；"国家高层次人才特殊支持计划"[①] 杰出人才；是国际著名期刊《表面科学报告》（Surface Science Reports）、《纳米快报》（Nano Letters）、《应用物理快报》（Applied Physics Letters）、《应用物理杂志》（Journal of Applied Physics）和《美国物理联合会进展》（AIP Advances）等的编委，《国家科学评论》（National Science Review）副主编和《表面评论与快报》（Surface Review and Letters）主编。

---

① 简称"国家特支计划"，也称国家"万人计划"。

在凝聚态物理领域，量子霍尔效应研究是一个非常重要的研究方向。在130多年的研究历史中，这个研究方向的科学家曾经获得了4个诺贝尔物理学奖，获奖的科学成果都是需要磁场的量子霍尔效应。但是，量子反常霍尔效应是唯一一个不需要磁场的量子霍尔效应，它不依赖于强磁场而由材料本身的自发磁化产生。这使得在零磁场的条件下应用量子霍尔效应成为可能。这些效应可能在未来电子器件中发挥特殊的作用，可用于制备低能耗的高速电子器件。

1988年，美国物理学家提出可能存在不需要外磁场的量子霍尔效应。这很可能是量子霍尔效应家族的最后一个重要成员。从此，全世界最顶尖的研究组都在努力攻克这个难题，不断有物理学家提出各种方案，但是在实验上却没有取得任何进展。2013年，由清华大学薛其坤院士领衔、清华大学物理系和中国科学院物理研究所的研究人员组成的实验团队在实验中首次观测到量子反常霍尔效应。杨振宁先生称此为"中国本土实验室里出现的首个诺贝尔奖级别的实验"。

薛其坤院士由于这个重大发现而被授予2020年度的菲列兹·伦敦奖。

菲列兹·伦敦奖是国际纯粹物理和应用物理联合会（International Union of Pure and Applied Physics，IUPAP）为纪念著名物理学家——菲列兹·伦敦而设立的，旨在奖励在低温物理领域做出杰出贡献的科学家。

薛其坤是自1957年该奖设立以来，首个来自中国、第二个来自亚洲地区荣获此奖的科学家。

在众多成绩斐然的科学家中，薛其坤院士算得上是大器晚成的一个。

薛其坤在32岁时才拿到中国科学院物理研究所的理学博士学位。在此之前，他经历了漫长曲折的求学生涯。这个过程成为他坚强意志的磨刀石、开阔胸襟的培养皿，也为他心中朦胧的科学梦描摹出清晰的轮廓，填充上绚丽的色彩。

1962年，薛其坤出生在山东省临沂市蒙阴县一个贫困的农村家庭。他从小勤奋好学，父母举全家之力供其成材。1980年，他考上了山东大学光学系。那年是恢复高考的第四年，在那个年代，能考上大学的人都可以称得上人中蛟龙。

然而，在之后的求学路上，薛其坤并不顺利，并未展现出他资质过人的一面。

1984年，大学毕业的他第一次参加研究生入学考试，结果因为高等数学只考了39分，落榜了。之后，他到曲阜师范大学工作了2年，于1986年再次参加研究生入学考试，结果这次他原本擅长的物理却恰好也只考了39分，再次落榜了。接连的失败让薛其坤感到非常郁闷，但他意识到这两次"拖后腿的39分"恰好暴露了自己在基础知识上的短板。一个木桶能盛多少水，取决于桶壁最短的那块木板。薛其坤深谙其中的道理，经过反思和补短，他终于在考研"第三战"中成功考上了中国科学院物理研究所的研究生。

几经挫折考上研究生后，薛其坤的深造之路也走得并不顺利。从硕士到博士，他花了7年时间。因为实验设备经常出现故障，他一度得不到准确的实验数据，写不出像样的研究论文。直到1994年，他才获得中国科学院物理研究所的理学博士学位。3次考研花了4年时间，读研读博又用了7年时间，为了得到一个博士毕业证书，他一共花了11年的青春年华。尽管此时的他已经32岁了，但对于科学梦想的追求却使他从未止步，也从未被困难打倒。

1992年，作为中日联合培养的学生，薛其坤赴日本仙台东北大学金属材料研究所学习。这段经历被他称为"个人成长中最艰难的一个时期"。

远离家人、没有朋友的孤独感尚可克服，不通日语却令他寸步难行，成为他学习高精尖实验技术的巨大障碍。他因此常常"掉队"，受到导师的严厉批评。在导师号称"7-11"的实验室里，他早上7点前必须到达，晚上11点才能离开。疲劳和困乏、对家乡的思念和现实的挫败感既"劳其筋骨"，又"苦其心志"，让他常常萌生放弃的念头。想家、想回国的思绪，萦绕其心头久久不散。靠着非凡的毅力和坚定的信念，他坚持了下来，个中辛酸难以言表。

有一次，导师布置了一项特殊任务，要求他花3天时间把成千上万颗螺丝分门别类地摆放整齐。这项任务看起来与实验操作毫不相关，让当时还是学生的他感到满心委屈。很多年后，当回忆起这次锻炼时，薛其坤坦言："这是一个科学家基本素质培养的关键环节。"看似无关紧要的细节，往往成为成败的关键。

得到导师的认可、让导师对其慢慢改观，是缘于薛其坤所做的第一个课题就取得了重要突破。这个突破是该实验室在日本东北大学成立30年来最重要的成果。从最不受导师待见的学生变成得意门生，并不是朝夕的功夫，薛其坤付出了常人难以想象的努力。努力的过程激发了他对实验的巨大兴趣，体会到研究科学、追求真理的幸福之处。这是一种使人忘却时间、忘却周遭、忘却自我的美妙意境。

这段异国求学经历给薛其坤留下了不可磨灭的烙印，使他不仅能够克服科研道路上的孤苦和寂寞，而且更能够容纳不同的思维方式和不同性格的人。这对于重大科研成果的产生至关重要。薛其坤形容重要的科学目标像一个巨大的磁石，需要吸纳各方面的科研人才通力协作，才能取得重大的科研成果。

2005年5月，42岁的薛其坤进入清华大学物理系工作。同年11月，他当选为中国科学院院士。2009年，薛其坤率领科研团队进入量子反常霍尔效应科研领域，仅用4年的时间就实现了20多年来全世界物理研究组无人实现的科学突破。

对于这项成就，薛其坤异常激动，但却谦虚有加。他说："取得这样的成果，一是缘于我们有强大的国力，二是得益于许多科研人员的共同努力。如果说量子反常霍尔效应是一个西瓜，那么在这个科学突破实现之前还有很多的小甜瓜。科学目标有大有小，在探索的道路上有率先到达目的地的，有后来跟上的，这些都是科学上的进展，都是人类的福祉。"

薛其坤院士对中国未来的科学发展充满信心："中国年轻一代的学子和科技工作者已经开始具备世界上最有竞争力的科研能力。我国的基础科学研究处在一个稳定的上升时期。在这个上升时期，国家在各个方面的竞争力不断增强，在个别的方向上开始出现引领世界的力量。如果我们继续保持稳定发展,很可能出现整个面上的规模性的领先,这对我国科技强国的建设,对实现中华民族伟大复兴都有非常重要的意义。"

因此,他呼吁社会各界对科技工作者予以支持和宽容,让他们能潜心研究,为国家的发展、世界的进步和人类的未来做出贡献。

他勉励当代青年科学家不忘"格物致知、诚意正心、修身治国"的赤子初心;善于思考和发现问题,善于发掘有意思的课题,通过对技术道路的选择,培养自己的判断能力、科学素养和学术品位;坚定理想,不辜负国家的支持,争取攻克世界上最具有影响力的科学难题,为未来的工业发展展开想象的翅膀。

2020年11月,薛其坤卸任清华大学副校长,来到改革开放的前沿地区——深圳,担任南方科技大学(简称南科大)校长,同建校10周年的南方科技大学一起开启了新的篇章。在2021年南方科技大学的开学典礼上,薛其坤校长对全体师生提出"汲取精神力量、勇担复兴大任"的期许。面临百年未有之大变局,南科大和南科人要在传承精神谱系中铸就信仰之魂,在赓续红色血脉中坚定理想信念,在学习百年党史中汲取奋进力量,形成独特的精神谱系。"善其身""济天下",为中华民族伟大复兴、社会主义现代化强国建设和高水平科技自立自强做出应有的贡献。

孔子说:"居之无倦,行之以忠。""赤子初心"存在于向善、向美、向真的追求之中,不管它是远大的理想,还是一个简单的愿望,无论过了多久、走得多远,都仍然是指引我们矢志不渝、爱国奉献的精神力量。

唐本忠

不断爬坡，自学成才的材料学家[①]

唐本忠是聚集诱导发光原创性科学概念的提出者和该领域研究的引领者。他于1982年和1988年分别在华南理工大学和日本京都大学取得学士学位和博士学位，于1989～1994年在加拿大多伦多大学进行博士后研究工作。1994年加入香港科技大学从事科学研究工作，2008年晋升为讲席教授。2021年，唐本忠加入香港中文大学（深圳），任理工学院院长。

唐本忠是中国科学院院士、发展中国家科学院院士、亚太材料科学院院士、国际生物材料科学与工程学会联合会会士、英国皇家化学会会士。

唐本忠的研究领域聚焦在材料科学、高分子化学、生物医学诊疗等领域。自2014年，唐教授连续多年入选化学和材料科学双领域高被引用科学家。唐本忠获得多项荣誉及奖励，如国家自然科学奖一等奖（2017年）、何梁何利科学与技术进步奖（2017年）、裘槎高

[①] 本文摘自：佘惠敏. 科学之光照亮人生路——记中国科学院院士唐本忠[N]. 经济日报，2021-06-27：8.

级研究成就奖（2007年）等。唐教授现任约翰威立国际出版集团[①]发行的《聚集体》（*Aggregate*）的主编。

中国科学院院士、香港中文大学（深圳）理工学院院长唐本忠是一位热情、开朗、乐观的科学家。他的做事态度是甘之若饴，他的人生信条是乐在其中，乐在空与时以外。

对于唐本忠来说，如今在大学里每天思考如何探索和改造世界的日子，是40多年前那个在乡下"修理地球"的插队知青所不能预见的美好。"那时候怎么会想到能有今天？时代潮流波澜壮阔，一个个体就像苍茫大海中的一叶小舟，是改革开放的浪潮拨正了我们的航路，将我们带进了一个充满希望的港湾。"唐本忠说道。

科学之光照亮了他随着时代潮流不断奋进的逆袭人生路。

读书：如饥似渴

读书，是唐本忠从童年开始的爱好。"刚上小学一年级时，新发的课本有股油墨的味道，我发自内心地觉得很香。那份'书香'，到现在我还记忆深刻。"唐本忠说道。

1957年2月出生于湖北潜江的唐本忠，在家里6个兄弟中排行老五。他的母亲是家庭主妇，父亲是副食品加工厂厂长。父亲一个人每个月不到50元的工资，却要养活一家8口人。贫穷是唐本忠小时候印象最深刻的记忆。

他至今还记得自己第一次买书的经历。那时的他还是一个懵懂小儿，用8分钱从新华书店买回了一本连环画。书还没捂热，就被父亲发现了。生气的父亲要他去书店退了书，拿回了那8分钱。

于是，这个没钱买书的孩子便抓起所有可以拿到的免费的书报来读。

[①] 英文名为John Wiley and Sons，1807年创立于美国，世界著名学术出版公司。

家里的哥哥多，唐本忠就看哥哥们读过的课本；废品收购站里有废旧书报，他去找来读；听说同学家里有没看过的书，他借过来连夜读完。

"我那时是小孩儿，嘴甜，跟废品收购店的老师傅混熟了，就能进去找书看。"唐本忠回忆道。他在废品店里看过古书、旧书、破书、各式各样残缺不全的报纸杂志……小说都是没头没尾的，不知如何开头和如何结尾的《朝阳花》《苦菜花》《林海雪原》《青春之歌》等小说被他翻来覆去地不知读了多少遍。《十万个为什么》《科学家谈21世纪》等科普书也吸引了他求知的眼球。

读书的习惯培养了他的自学能力。小学时，潜江花鼓剧团招小演员，录用了唐本忠。但是由于身体太弱，练不好武功，3个月试用期后他就被辞退回学校了。小学生唐本忠一下子缺了3个月的课，找不到老师补习，只好自己翻课本自学，居然也能无师自通。"其实后来主要靠自学。由于历史原因，从小学二年级一直到高中毕业，都没有好好上过学，没受过系统训练和教育。"唐本忠说道。

唐本忠1974年高中毕业后就下乡插队了，干上了被下乡插队知青们称为"修理地球"的重体力活——挖河。在"修理地球"后一个个筋疲力尽的黑夜里，没有电灯，唐本忠坚持在煤油灯的烟熏火燎下看书。文学、艺术、美学、历史、政治经济学……他一遍遍重读身边可以找到的各种书籍。

下乡两年后，唐本忠被第一冶金建设公司机械修配厂制氧车间招工进城，到了武汉。工余时间，他也捧着书读。1977年，他听到了恢复高考的风声，马上决定——考大学！

工友的妈妈是第一冶金建设公司的图书馆管理员，她从落满灰尘的书架上拿出几本工人夜校用的数理化教材给了唐本忠；制氧车间的书记批准他不来上班，在宿舍自学备考；团支书见他夜晚在马路边借路灯的灯光读书，认为车来车往太危险，把他介绍到也有子女备考的老职工家里借光复习。

如饥似渴的读书记忆，贯穿了唐本忠的整个青少年时期。书中闪现的人类文明的光辉，点亮了他求知若渴的眼睛；社会上一个又一个好心人的帮助，让他感受到人性温暖。

机会：迎难而上

人生的道路虽然漫长，但要紧处常常只有几个。

1977年12月的高考，是改变唐本忠命运的关键一步：他幸运地被广东化工学院（现华南理工大学）重化系高分子化工专业录取了。

这是中断了10年才恢复的高考，报考人数多达570万，录取人数却只有27.3万，录取率还不到4.8%，是新中国成立后历年高考中录取率最低的一年。在唐本忠的记忆里，当时同厂复习备考的职工和职工子弟有好几百人，考完后被通知参加体检的只有包括他在内的3个人。

回忆起这次迎难而上的尝试，唐本忠坦然说道："人生有机会就得尽量去抓，抓不抓得住那是另外一回事。你不去考的话，一定不会上大学；去考的话，就有可能上。"

无论成功率多么低，当机会来临时，都要尽一切努力去争取。这是生性积极乐观的唐本忠在面对命运转折时的一贯态度。

1978年初进入大学后，基础薄弱的唐本忠最初并不算拔尖。同班同学中，从十几岁到三十几岁都有，个个都努力学习。有的人数学好，几乎没有不会做的题，智商碾压同学；有的人英语强，在其他同学从ABC开始学英语时，已经有能力阅读全英文专业书。

"虽然起点低，但是可以努力走高啊！"唐本忠每年暑假都不回家，成天泡在学校图书馆。4年后，他考取了公费留学生，被教育部选派到日本京都大学攻读高分子材料专业博士学位。

进了日本京都大学，唐本忠发现自己又成了当中起点最低的那个。语言没过关，公费留学考英语，录取后却被派往日本，赴日本前只在大连外国语学院学了半年日语。专业水平不足，"中国大学生里最优秀的一批人被选拔出国，结果一出去真的傻眼了，当年日本大学生的科研水平比我们的大学教师的水平还高。"唐本忠说道。

他的导师东村敏延教授和增田俊夫教授是世界知名的高分子合成专家。唐本忠被分配做关于高分子热裂解、放射性分解、机械性能评估、气/液分离等方面的研究。但他意识到，化学的核心基础是合成。为了学习有机合成技术，唐本忠主动替日本同学干活，晚上在实验室练习做小分子单体合成。"大家都认为我的合成很厉害，但实际上我是自学的合成，是在夜深人静之时练出来的。"说起当初的成功"偷师"，唐本忠现在还颇有几分得意。

唐本忠于1985年和1988年从京都大学先后获得硕士和博士学位，之后他在日本住友化学株式会社、日本尼欧斯（NEOS）株式会社实习和工作了一段时间。1989年，唐本忠远赴加拿大，到多伦多大学从事博士后研究工作。

多伦多大学是加拿大最好的大学，但他过去时恰巧遭遇了20世纪90年代初期的世界经济衰退。博士后的工资已经很低了，但是如果导师拿不到新的研究经费，那么博士后就必须寻找新的导师了。从1989年至1994年，唐本忠在加拿大的5年间换了4个课题组。"当时非常痛苦，我在哪个地方都拼命努力干，但却不得不频繁地改换方向。"唐本忠说道，"苦难也能成就人，现在回过头来看，跟4个教授做不同的课题，让自己的视野变得更加开阔。"他的研究感悟是："看问题，视角很重要；做研究，需要有融会贯通的本事。"

1994年，唐本忠到香港科技大学任助理教授，开始了带学生、领团队的独立研究生涯。

从19岁到37岁，唐本忠实现了从下乡知青到武汉工人，再到广州大学生、京都研究生、多伦多博士后、香港助理教授的多次身份转换。

37岁才做助理教授，从一个侧面反映了他人生道路的曲折。"我这一辈子都是'痛并快乐着'。我起步晚，一直都在爬坡，但我享受爬坡的快乐。"唐本忠说道。"人不能没有追求，但追求伴随着痛苦，做研究其实就是自找难题。迎难而上，克服困难，就会得到幸福。"

发光：逆向突破

唐本忠在香港科技大学工作了二十多年，历任助理教授、副教授、教授、讲座教授，做了一件引领性的研究工作——聚集诱导发光。这件颠覆性工作带着一点偶然性因素。

20世纪80年代末在日本读研期间，唐本忠为了"偷师"有机合成技术，经常最后一个离开实验室，需要负责关水、关灯、关门。有一次，他想把一种叫作六苯基噻咯（HPS）的小分子通过开环聚合方式做成高分子，目标没有实现，倒是在纯化HPS时意外地长出了一块大结晶。深夜离开实验室时，他在关灯后突然瞥见这块结晶发出漂亮的绿光。那时，唐本忠的兴趣在高分子合成，并没有沿着发光方向对HPS进行深入研究。

2001年，受有机发光二极管研究的刺激，人们争相研发高效有机发光材料。已成为教授的唐本忠又想起那块在黑夜中散发美丽光芒的晶体，就安排学生去研究HPS分子的发光性质。

学生在做实验时意外发现，HPS分子在稀溶液中不发光，在溶剂挥发后变成干点时却可受激发光。这种现象与当时已写入教科书的光物理学常识ACQ效应正好相反。ACQ即"聚集猝灭发光"：发光分子在稀溶液里可以高效发光，在浓溶液中或者固态时，越聚集光越弱，直至完全消失。

学生在2001年观察的与ACQ效应完全相反的实验现象，引起了唐本忠的关注。他洞烛先机，将这种现象定义为AIE，意即"聚集诱导发光"。

发光，是物质把吸收的能量转化为光辐射的过程。分散发光的ACQ分子多是具有平面结构的芳香族化合物，结构坚固，就像一张大光盘。而聚集发光的HPS分子的中心噻咯环上有6个用单键连起来的苯环，每个苯环都可以自由转动，就像一个螺旋桨。

唐本忠由此提出了分子内旋转受限（RIR）的工作机制：HPS分子在分散状态下，激发态的能量可以通过分子内苯环转动的机械运动方式消耗掉，因此不发光。但当这些分子聚集时，分子间错落堆架，螺旋桨没有空间旋转，运动受限，能量就通过辐射途径发射，因此越聚集越发光。

他还推断：ACQ分子环状结构刚硬，很难运动，因此单分子可以发光。分子聚集时，就像一张张光盘叠到一起，被激发的高能量激发态分子"盘"和未被激发的低能量基态分子"盘"因为亲密接触而发生能量转移，无须辐射跃迁就把能量耗散掉，使得发光减弱甚至消失。

随着研究的进展，唐本忠将AIE机理从分子内旋转受限（RIR）扩展至更通用的分子内运动受限（RIM）模型。除了旋转，分子也可以震动。分子聚集后，分子内震动受限也可以使聚集体发光增强，从而产生AIE效应。

"一个正确的机理或者模型应有双重作用：它应可帮助理解以前观察到的实验现象，更重要的是指导将来的结构设计。"唐本忠介绍道。HPS分子的颜值虽高，却有合成步骤繁琐、分离纯化困难等缺点。在RIM模型指导下，团队成功研发了四苯基乙烯（TPE）的AIE体系，创造了一系列同样具备越聚集越发光的AIE特性，却结构简单、便宜易得的四苯基乙烯分子群。现在，四苯基乙烯已经成为一个由中国科学家打造的"品牌分子"。

创新：无疆之域

在20年潜心研究中，唐本忠团队开发出各种颜色的AIE分子，集齐了覆盖整个可见光波长范围（从蓝光到红光）并延展至近红外区域的聚集诱导发光材料体系。

这些AIE材料的用途十分广泛：可用于生物检测，甄别肿瘤和正常细胞；可用于测定水体污染物，快速判断污染源；可用于制作高效节能的有机发光二极管显示屏……

AIE是一个典型的原始创新，新概念的提出和新材料的创制都是革命性的科研成果，不断吸引全球科学家从事相关研究，发表论文数和引文数均呈指数增长。2016年，AIE纳米粒子被《自然》（*Nature*）列为支撑即将来临的纳米光革命的四大纳米材料之一，且是其中唯一一种由中国科学家原创的新材料。

聚集诱导发光的研究成果的问世,带来了该领域爆炸式的发展。加拿大科学家贝琳达·海涅教授说道:"今天我们讨论聚集不能不提聚集诱导发光。自从唐本忠团队的研究成果发表以来,毫不夸张地说,这个研究领域经历了爆炸式的发展。"

开拓了这一全新研究领域的唐本忠,于 2009 年当选为中国科学院院士,并以 AIE 领域的成就获得了 2017 年度国家自然科学奖一等奖。

推翻了教科书经典论断的 AIE,也走进了大学课堂,被纳入本科实验课,成为展示光物理核心概念的重点实验。AIE 甚至成为高考和奥林匹克竞赛的考题,影响从大学扩展至中学。

自幼喜好读书的唐本忠,读得进书,也跳得出书,不让自己被书本套住。"我觉得到大学为止,基础知识要学好。到研究生后,就不要被已有的知识束缚,要学会批判性地思考问题。"唐本忠说道。

"其实 AIE 效应很普遍,在我们观测到 AIE 现象之前,也有人看到过这种现象,但却被他们忽视了。"唐本忠说道。"AIE 创新闪烁着哲学的光芒。当发现实验结果与教科书不符时,不要轻易下结论是自己错了,要想到也许实验结果预示着一个新的突破。做研究就是'见人皆所见,思人所未思'。要敢于跳出框框,力争比巨人看得更高更远。"

唐本忠如今最享受的时光,就是徜徉在科学探索的海洋中寻找五彩缤纷的神奇海贝。未来,他希望建设一个聚集体科学研究的大平台,创造新知识,培养更多具有创新意识的学生,率领团队在"簇发光"等研究领域有所发现、有所发明、有所创造。

在唐本忠看来,最伟大的科学研究有两个层次:一是改变世界面貌。诺贝尔物理学奖得主高锟的光纤就改变了人们的生活方式。二是改变人们的思想。爱因斯坦的相对论就改变了人们的思维方式。"要么去改变人们的思维方式,要么去改变世界的面貌,这就是我的科学梦想、人生追求。"唐本忠说道。

张大鹏

掌纹识别、中医四诊量化及人脸美学的开创者[①]

张大鹏是香港中文大学（深圳）数据科学学院教授、校长讲座教授，加拿大皇家科学院院士、加拿大工程院院士，国际电气电子工程师学会（IEEE）终身会士，国际模式识别协会（IAPR）会士，亚太人工智能协会（AAIA）会士。他毕业于北京大学计算机科学专业，后于1982年和1985年分别获得哈尔滨工业大学计算机理学硕士及博士学位。1986～1988年，他作为中国首批博士后师从于清华大学著名导师常迵院士。1994年，他又获得加拿大滑铁卢大学（University of Waterloo）电气和计算机工程博士学位。自2005年以来，他一直担任香港理工大学电子计算学系的讲座教授（智能计算），并创建主持了香港特区政府资助的生物识别研究中心（UGC/CRC）。

他是《国际图像和图形学报》（IJIG）及施普林格（Springer）"国

[①] 本文部分内容源于中国自动化学会模式识别与机器智能（CAA-PRMI）专委会在2019年对张大鹏的访谈，以及张大鹏在2019年第四届全球人工智能与机器人峰会上所做的题为"生物特征识别的新进展——纪念中国人工智能40年"的大会报告，于2022年初整理成文，并经由张大鹏审阅及校正。

际生物识别丛书"(KISB)的创始人和主编。30 多年来,他一直从事模式识别、图像处理及生物特征识别研究,是掌纹识别、中医四诊量化及人脸美学等研究领域的开创者和领军人。他的研究成果曾多次获奖,凭借掌纹技术的高速低成本安全系统,他在中韩第四届国家发明展中被授予特殊金奖,此外还被授予日内瓦发明展银奖、香港特别行政区最高科学技术奖项"裘槎(Chroucher Foundation)优秀科研者"奖……并且,他已出版了 20 多部相关专著,发表了 400 余篇国际期刊论文,申请了 40 多项美国/日本/中国专利。2014~2021 年,他连续八年被科睿唯安[①]列为高被引科学家,又在国际计算机科学和电子学的 Top 1000 名科学家排序中,以 h 指数[②]125 进入前 85 名。

1974 年,张大鹏毕业于北京大学,随后分别于 1982 年和 1985 年获哈尔滨工业大学的硕士与博士学位。他当时的博士生导师是陈光熙教授。现在能查到的他在研究生期间最早的一篇英文论文发表于 1984 年,是关于指纹识别技术的。1986 年,张大鹏作为中国首批博士后,到清华大学从事研究工作,有幸成为常迥院士的学生。博士后出站后,他到中国科学院自动化研究所工作了几个月。中国科学院当时给他的聘书中将其专业定为图像处理、模式识别和人工智能。这种说法在当时是非常少见的,一般都会称其为计算机应用。多年后回望,张大鹏教授对于这个定义感到意义非凡。

1988 年,张大鹏前往加拿大,并于 1994 年在加拿大滑铁卢大学获得了他的第二个博士学位。随后,他到香港任教,在香港理工大学建立了生物识别研究中心(BRC),开始了他人生中的又一段征程。这时距他上大

---

① Clarivate Analytics,原汤森路透知识产权与科技事业部。
② H-Index 又称为 h 指数或 h 因子(h-factor),是一种评价学术成就的新方法。h 代表"高引用次数"(high citations),一名科研人员的 h 指数是指他至多有 h 篇论文分别被引用了至少 h 次。

学那一年已经过去了很多年。相比于现在的年轻人，作为老一代科学家的张大鹏在年轻时的个人成长经历更加曲折。

张大鹏是中国《学位法》公布后首届入学的研究生，也是哈尔滨工业大学培养的首个计算机专业博士，以及中国第一个人工智能专业博士。从1980年研究生入学开始算起，他基本见证了中国人工智能这40多年的发展历程。

中国人工智能的研究起步较晚，在起步阶段也面临诸多困难，特别是技术和人才完全跟不上。但我国的科研人员充分发扬了攻坚克难的精神，克服了种种困难，始终紧跟国际前沿，从学习、追随到逐步赶上并部分超越，取得了瞩目的成绩。在这期间，一批留学海外的人工智能专家不断加入海归队伍中来，奠定了我国人工智能的基础，成为学术带头人和中坚力量，为发展中国人工智能做出了举足轻重的贡献。

有了人才队伍，伴随着改革开放的进展，我国人工智能开始蓬勃发展，成立了中国人工智能学会，创立了人工智能相关学报和期刊，出版了人工智能相关著作。人工智能逐渐成为国家科技发展计划的重要组成部分。进入21世纪后，越来越多的人工智能研究课题获得国家自然科学基金、"国家高技术研究发展计划"（简称863计划）和"国家重点基础研究发展计划"（简称973计划）等国家基金计划支持；多所高校设立了相关学科和硕士点、博士点，培养了一大批人工智能方面的人才；研究方向也多点开花，智能计算机系统、中文智能搜索引擎、智能专家系统、生物特征识别、仿生机器人等均取得了许多令国际学术界刮目相看的成果。

如今，人工智能应用也逐渐深入一般民众的日常生活。小到手机解锁，大到国家安全，均有人工智能的身影。随着计算机运算速度提高和大数据技术的普及，人工智能也将出现很多新技术、新方法、新应用。不难想象，未来人工智能对社会的影响将越来越大，人工智能的相关研究也将迈上一个又一个新台阶。

当下流行的人工智能，其模式识别是重要组成部分，与许多领域息息相关，而生物特征识别又是模式识别的典型应用。

张大鹏团队的研究就扎根在这个领域。他的主要研究领域有计算机视觉、模式识别、医学图像/信号处理等，在生物特征识别技术和中医客观化领域具有较高的国际影响力。

生物特征识别技术是张大鹏团队几十年来一直坚持的方向。他们从最开始的指纹识别做起，在人脸识别、掌纹识别、虹膜识别、指节纹识别、签名识别等方面也做了一些工作。其中最具代表性的研究工作主要集中在三个方面——指纹、掌纹和人脸。

指纹是其团队最早的研究方向之一。近些年，随着成像技术的发展，为了提高现有指纹识别系统的识别精度和防伪能力，张大鹏团队提出了基于汗孔的高分辨率指纹及三维指纹建模等识别技术。一方面，人们可以利用汗孔和三维成像特征来进行活体检测；另一方面，这些特征可以和细节点特征结合起来进行识别，提高指纹的识别精度。

张大鹏团队是国际上最早进行掌纹识别研究的团队。他们在之前进行指纹、人脸、虹膜等研究的过程中发现，虽然这些生物特征可以达到一定的安全需求和实用性，但仍然存在诸多问题。例如，世界上有大概5%的人无法通过指纹进行识别，因此国际上普遍承认指纹作为接触式的生物特征识别方式的防伪能力存在缺陷；随着年龄增长和整容手段多样化，人脸识别也存在诸多不稳定因素；虹膜一旦遇上眼疾也无法取得较理想的虹膜图像，且东方人的虹膜信息量整体不如西方人。

因此，受中国手相学的启发，掌纹识别被我们认为是值得探讨的方向，而且是中国人独创的方法。

研究发现，掌纹识别具有高精度的特点。这是由于掌纹包含诸多特征，如几何信息、细节点信息、线特征、纹理信息等。并且，掌纹识别具有掌脉信息，强化了高防伪能力。另外，掌纹识别也具有良好的容错性，即便不小心沾上污渍，掌纹也能被有效地识别。

张大鹏团队在掌纹的定位、体征提取和特征表示、活体检测、特征融合等方面做了广泛而深入的研究，不断拓展掌纹识别的研究深度和广度，先后开发了接触式掌纹识别系统、非接触式掌纹识别系统、多光谱掌纹识别系统、三维（3D）掌纹识别系统等技术与系统。从1998年首次在国际上发表与掌纹识别相关的文章至今，张大鹏团队已经取得了诸多研究成果，出版了多部掌纹识别方面的专著，发表一百余篇相关学术论文，公开了多个掌纹数据集，开发了多种掌纹识别系统并实现了产业化，为掌纹识别的国际化和持续发展做出了重要贡献，使其成为生物特征识别技术大家族中的重要一员。

人脸识别技术的应用越来越广泛，张大鹏团队在这方面的研究主要集中在人脸识别的核心算法方面，主要解决当人脸的姿态、光照条件等发生变化时，人脸判别信息会部分丢失，现有人脸识别算法的精度会明显下降的问题。为了提高人脸识别算法的精度和鲁棒性，他们从特征丰富度和人脸姿态残差补偿等多个角度来提高人脸识别算法的性能。例如，他们首先使用多尺度的卷积模块以提取表达能力更强的人脸特征，同时引入特征选择模块对特征进行筛选，剔除冗余信息。

此外，他们同时引入人脸姿态估计器来估计人脸的姿态，将人脸的姿态信息与原始图像一起输入特征提取网络，使得网络能根据姿态变化而获得一个特征补偿，缓解姿态变化带来的判别信息损失。通过以上改进，算法可以有效提升人脸识别的精度和鲁棒性。

张大鹏团队的另一个突出贡献是推动了中医客观化技术的发展。

中医是中国传统文化的瑰宝。但是和西医相比，中医作为一种"经验科学"，经常得不到国际社会和学术界的认可。因此，张大鹏及其团队希望能够找到一种新方法。该方法可以将中医量化、客观化，进而更好地把中医推向世界。张大鹏团队的研究工作主要包括中医体外诊查的视觉感知、嗅觉感知、听觉感知、触觉感知，以及综合性的融合感知等。

以视觉感知中的舌象分析为例。一方面，张大鹏团队要设计出针对人体舌象的成像仪器，当中涉及数字图像的采集、校正、对齐等诸多技术问题；另一方面，他们也需要对舌象进行处理与分析、提取出有效的病理特征。依靠现代数字传感技术及计算机技术，他们可以有效地解决这些问题。

中医四诊（望、闻、问、切）的其他子课题中也面临类似的问题，同样需要运用现代科学技术手段去解决。例如，在人体脉象的提取与分析中，心电图等时序信号的分析与处理手段就成了重要的参考。在这个过程中，张大鹏团队不仅要将现有的技术运用到中医四诊数据处理与分析上，而且需要针对具体的数据提出特定的探索方法。

虽然说"中医"的主题是古老的、区域文化性质的，但是张大鹏团队采用的研究方法是与国际接轨的现代化的科学方法。他们关于中医客观化的很多研究工作都发表在国际权威期刊上，得到了国际医学研究同行的广泛认可。

当前，张大鹏团队已经提出了一整套基本成熟的中医四诊信息采集与分析技术方案，相关系统已经逐渐产业化，具有较好的应用前景。不过，这方面的理论研究还需要继续深入，张大鹏教授也希望更多优秀的研究团队加入到这个领域里来，共同推动中医现代化的进程。

除此之外，张大鹏团队还希望将生物特征识别作为一个平台，将它应用到人脸美学鉴别领域。尽管每个人对美的看法不尽相同，但是美仍然是具有公认特征的，因此他们希望通过捕捉公认特征来实现美的客观化。在这个过程中，他们成功解决了所谓的平均脸问题，即用于进行美的鉴别的标准。通过对61个国家的人脸库进行分析，张大鹏团队获得了许多关于美的规则，其中包括中国人的三庭五眼、西方人的黄金比例等，以找到最接近美的公共标准。

目前，在香港中文大学（深圳）的张大鹏团队有教授、博士后及研究生等20余名，并在此基础上建立了良好的团队合作机制。此外，他们还先后在哈尔滨工业大学、清华大学、哈尔滨工业大学（深圳）等高校组建了多个研究组，和北京大学、上海交通大学、南京理工大学等高校也有深度合作。张大鹏团队在研究方向、资源及学生培养等诸多方面有很大优势。同时，他们也与广东省中医院、解放军211医院、深圳龙岗中医院、香港糖尿病及肥胖症研究所等医疗机构保持着长期的合作关系，为专家知识获取，数据采集、分析及验证提供了良好的支撑。此外，深圳市人工智能与机器人研究中心是深圳市人民政府布局的十大基础研究机构之一。作为其计算机视觉研究中心的组建人，张大鹏教授对该研究中心的成立与发展亦颇具贡献。

张大鹏教授现在已七十高龄，同龄人大多已退休安享晚年，但他仍奋战在科研的第一线，是什么力量在激励着他？对于这个问题，他说道："我回顾自己这大半生，插过队，务过农，挺过了'三年困难时期'，也经历过'文化大革命'时期，最后复学才走上学术道路。所谓笨鸟先飞，我其实就是'笨鸟'。刚复学时，我意识到自己起步晚、基础差，于是就恶补之前失去的时间；在加拿大读第二个博士时，国外靠实力说话，我就努力用成果向他们展示中国学者的实力。不敢说我做出了什么巨大贡献，但我信奉'人生能有几回搏'，每个阶段我都会尽全力做到最好。虽然我已经年过古稀，但展望未来，我还愿意再尽力一搏。老牛自知夕阳短，不须扬鞭已奋蹄。"

陈国良

非数值并行计算的"学科带头人"

陈国良出生于安徽省颍上县，是并行算法、高性能计算专家，中国科学院院士，中国科学技术大学、深圳大学、南京邮电大学教授、博士生导师，大数据系统计算技术国家工程实验室主任。

1961 年从西安交通大学计算数学与计算仪器专业毕业；1973 年在中国科学技术大学任教；1981～1983 年在美国普渡大学做访问学者；2003 年当选中国科学院院士；2004 年担任中国科学技术大学软件学院院长；2009 年担任深圳大学计算机与软件学院院长。

他主要从事并行算法、高性能计算及其应用等研究，在非数值并行算法研究方面取得了一些国际同期最好的成果，包括分组选择网络、递归选择网络、贝叶斯网络选路算法、超大规模集成电路（very large scale integrated circuit，VLSI）平面嵌入算法、网络最大流算法、装箱算法的平均性能分析等。在高性能计算及其应用研究方面，他提出了"并行算法-并行机结构-并行编程"一体化的研究方法，开发了具有自主版权的国产曙光并行机"用户开发环境"商用软件；研制了安徽省防灾减灾决策支持系统与淮河流域防洪防污调度系统，在实际应用中产生了一定的社会效益和经济

效益。

他在中国国内外重要学术期刊和会议上发表论文400多篇，出版学术著作10多部，主持完成了10多项863计划、国家攀登计划、国家自然科学基金等科研项目，先后获得国家科学技术进步奖二等奖、教育部科学技术进步奖一等奖、中国科学院科技进步奖二等奖、国家级教学成果奖二等奖、水利部大禹水利科学技术奖一等奖、2009年度安徽省重大科技成就奖等20余个奖项。

二十四字谈人生

1938年，陈国良出生在安徽省颍上县李庄镇陈大圩村的一户普通农家。童年时期，他割草放牛，帮助父母干农活。1946年，陈国良进入乡村小学读书。他的启蒙老师陈钟汉对他的为人处世产生了深远影响。"他教我们要知书达理、和善为人，要勤俭节约、热爱劳动，这些让我终身受益。"陈国良说道。尽管家境贫寒，求学十分艰辛，但陈国良在小学和初中阶段一直成绩优异，顺利升学。

1956年，陈国良考入上海交通大学电力系，并于同年随校迁至西安，最终在西安交通大学完成了学业。1958年，西安交通大学抽调30名学生学习尖端新专业——计算机和自动化。于是，陈国良被调到无线电系计算数学与计算仪器专业。1961年大学毕业后，他先后被分配到北京军区、福州军区和广州军区工作。1965年转业后，他到位于太原的国营大众机械厂（国营785厂）工作。1970年，中国科学技术大学南迁合肥。1973年，陈国良主动申请回到家乡任教。就这样，陈国良进入中国科学技术大学计算机系担任助教，从此开启了他48年的从教及科研生涯。

平凡中孕育着传奇，是陈国良一生的写照。他用"亦农亦工，亦文亦武，亦强亦弱，亦硬亦软，亦虚亦实，亦东亦西"二十四字来形容自己的精彩人生。

关于陈国良的"二十四字人生",中国科学技术大学的洪孟良在《霞光日暮醉人红——记中国科学技术大学陈国良院士》一文中阐释道:陈院士干农活长大,又在工厂做过工,一边科研,一边从军,所以叫"亦农亦工、亦文亦武";先学"强电",后学"弱电",既从事计算机硬件研制,又搞计算机软件,可谓"亦强亦弱,亦硬亦软";既做理论研究,又做实际应用,在世界东西方各地进行交流讲学,实可谓"亦虚亦实、亦东亦西"。

孜孜以求做学问

在中国科学技术大学期间,陈国良领导研制了我国第三代中小规模集成电路通用小型机KD-1。这不是陈国良首次参与计算机研制。

第一次是在1956~1961年,陈国良参与了老师领导的第一代电子管计算机的研制。通过对LGP-30的控制器的设计学习,他走进了"数字计算机逻辑设计"这个领域,而这次"偶遇"奠定了陈国良在第一~第三代计算机研制工作的基础。

第二次是他在部队从事国防科学技术研究。在这期间,他创建了火炮数字计算机实验室,并主持设计了第二代晶体管——磁芯存储器专用机"东方红一号"。

因此,我国三代计算机的研制都有陈国良的功劳和贡献。

1965年,全军13万科研人员集体转业到地方,陈国良也开始了他在太原国营785厂的工作生涯。"8年的工厂生活让我真切地体会到何为'工匠精神'。"陈国良说道。

1981年1月,已步入不惑之年的陈国良被选为国家首批公派留学生,远赴美国普渡大学电气工程系做访问学者,学习并行算法。1983年2月,陈国良回到祖国。他后来回忆道:"同一批出国的四五个同学不约而同地乘坐同一班航班飞回祖国。美国有最先进的技术,但我们要遵守诺言,完成祖国交给我们的任务，按时归来。科学没有国界，但科学家有自己的祖国。"

回国后，陈国良在国内率先开展非数值并行算法的研究，在许多方面取得了国际同期最好的成果，如分组选择网络、网络最大流算法等。那时候，做其他计算机应用的人很多，但并行算法在国内还是个鲜有人涉足的领域，而陈国良只钻研并行算法。没有现成的教材，他"泡"在图书馆里拼命看文献。早年间在国内杂志上发表的有关并行算法的文章，大多是陈国良写的。为此，《计算机研究与发展》期刊在中国科学技术大学60周年校庆之际给陈院士发了感谢信，感谢他曾发表的大量文章。

不仅发表论文，他还计划编教材。"发表论文固然重要，但是教材对学科基础建设有长远、广泛的影响力，这才是我的重中之重。"陈国良说道。经过不断地钻研和努力，他率先在国内出版了"并行计算系列丛书"，形成了并行算法"理论-设计-实现-应用"一套完整的学科体系，并且在国内很多学校没有开设并行算法课程的情况下，在全国各地举办"并行计算名师精品课程讲习班"，宣讲普及并行计算，推动了我国该领域的学科发展。

1995年9月，在陈国良的主持下，科技部与安徽省在合肥率先成立了中国第一个国家高性能计算中心。此后，国家高性能计算中心相继落地武汉、北京、上海、成都，而国产千万亿次并行机超算中心也在天津、深圳等地落地生根。

2000年，他积极响应"学校与企业界结合"的号召，与日本的中国科学技术大学计算机系校友共同创办了科大恒星公司，并成功上市，后来改名科大国创。早期由他代管扶植的科大讯飞公司（1999年）也早已名声大振。

除此之外，交叉学科研究为陈国良带来了更广阔的视野和更大的挑战。20世纪90年代初，陈国良在国内率先开展了神经网络组合优化和遗传算法的研究，曾经连续申请好几次863计划项目，自主研发神经网络的语言、编译器、解析器、库函数等，与国际同期研制出具有世界先进水平的并行神经信息处理系统,为我国神经网络的教学、研究及应用提供了良好的工具与环境,促进了交叉学科的研究与发展。

2009年5月,国家高性能计算中心深圳分中心成立,陈国良担任中心主任。该中心由深圳大学和中国科学技术大学共建,依托深圳大学计算机与软件学院。早在深圳分中心成立前,陈国良就开展了基于国产龙芯中央处理器(central processing unit,CPU)的系列国产普及型高性能计算机的研制,通过机器的研制验证了国产龙芯系列CPU在高性能计算机上应用的可行性。他从2007年开始研制KD-50,到2011年主持团队成功研制出中国首台基于国产"龙芯3B"八核处理器的万亿次高性能计算机KD-90。2013年深圳大学建校30周年之际,陈国良团队研制了计算能力达到15万亿次/秒的SD-30。一系列成就奠定了他在我国非数值并行算法研究的学科带头人地位,在国内外学术界和教育界都有一定的影响力。

一往无前爱家国

多年来,陈国良一直秉承着家国情怀,在做理论的同时注重为国家服务,为国民经济主战场服务。他曾经说过:"我可以自豪地说自己是一个爱国主义者。"因此,他一直在思索如何将理论延伸,为家乡的父老乡亲做实事。

陈国良出生在安徽,他热爱自己的家乡,感谢故土的滋养及家乡父老的爱护和养育。安徽地处淮河流域,每到夏天就可能形成"江淮气旋",往往带来十几天的持续降雨,从而导致淮河汛情严峻。为了解决家乡的难题,陈国良用自己的科研经费组织团队、购买仪器,现场考察汛情,奔走在防洪防污调度的第一线,开展科技治淮工作。秉承科学严谨的治学态度、依靠实地考察的精准研判,他采用计算机技术进行淮河汛期的合理调度。为了探究淮河大水从何而来,陈国良研究气象预报,并与世界气象组织联系进行合作,定点定时定量预测降雨量,被誉为"淮河上的神算子"。

另外，从铜陵长江大桥，到芜湖长江大桥，再到杭州湾跨海大桥，陈国良还利用计算机技术从事了各地桥梁的安全检测。

不学水利，去做了治淮；不学气象，去做了气象预报；不学桥梁，去做了桥梁安全检测。陈国良从不止步于学术研究本身，在深厚的家国情怀和强烈的社会责任感的感召下，服务国民、奉献社会才是他的终极目标；引导学生热爱工程，重视实践，将研究落地，才是真正的学以致用。

"一名教师传递给学生的应该不仅是课堂知识，还有实际应用的能力与思考问题的方法。"陈国良说道。正因为如此，陈国良每次带着学生奔波在淮河一线，内心总是充满了激动，他一想到是在为国家培养着有用人才，激动就油然而生。

兢兢业业做教师

从教伊始，陈国良在中国科学技术大学的一次评优中被评为优秀教师。作为奖励，学校给他发了一个工程包。这个工程包是陈国良为师之德的最好见证，他缝缝补补用了三十多年。中国科学技术大学档案馆的退休教师梁祥龙说："他当讲师的时候背着它，当教授的时候也背着它。当了第一批去美国的访问学者，他还背着这个补过七八次的包，出国了也不嫌'丢人'。到了2003年评上了院士，我碰见他，见他背的还是那个旧的工程包。"

2006年，陈国良的妻子病故，他长久地守在病榻前，备受煎熬。为减轻睹物思人的感伤，同时受到陈国良的安徽同乡——深圳大学原校长章必功的力邀，2009年，年逾七旬的陈国良离开家乡，南下支援深圳的计算机学科建设，创建了深圳大学计算机与软件学院，并出任院长。

南下深圳前，陈国良将陪伴他三十余载的工程包留给了中国科学技术大学档案馆。他说道："这个包随了我大半生，每当看到它，我就想起了自己在科大任教的经历：一是没有白学，二是没有白活。这个包给了我动力。"一个破旧的工程包是陈国良在中国科学技术大学辛苦耕耘36年的最有力的佐证。

陈国良常说，一所高校，科研固然重要，但最重要的是教书育人。"高水平的学者、技术骨干都应该给学生上课，让学生体验创造的过程，追求本质。"

因为这样的身体力行，2003年，他除了被评为中国科学院院士外，还被评为首届"全国高等学校国家级教学名师"，成为"院士里的第一位名师，名师中的第一位院士"。拥有这些荣誉，他的唯一秘诀就是认真，即认真做科研的同时认真地教书。陈国良担任了13年中国科学技术大学计算机系的系主任。在这期间，他从来没有暂停过本科生教学工作，总会亲自给本科生上课。"在我看来，当教学名师比当院士难多了。我当年能被评上全国首届教学名师，而其他许多比我贡献大的教师没有评上，就是因为有个指标是近4年要坚持给本科生上课，不得少于470个学时。我不但做到了，还远远超过了这个学时。"陈院士自豪地说道。

从中国科学技术大学到深圳大学，陈国良的大部分时间都用在教学岗位上。他曾获国家教育委员会优秀著作和教材一等奖，总共培养了200多位博士生和硕士生。他所带领的"并行计算相关课程教学团队"于2009年被评为国家级教学团队。中国科学技术大学原校长朱清时曾评价陈国良"是一个勤勉和忘我的人，是教学与科研并重的楷模、理论与实际结合的典范"。

"我是一名教师。"在陈国良的心中，这是他最看重的一张"名片"。

从20世纪70年代开始，陈国良先后主讲过数字逻辑、计算机原理、计算机网络、并行算法与并行计算机等计算机专业课程。在讲课时，他总是采取板书、多媒体课件、投影仪、PPT课件、开辟教学网站等多种形式和中英两种语言，重点讲解基本原理，并将科学前沿和国际同类教材中的先进内容及时引入课堂教学，因此学生总是听得津津有味。

一位学生在中国科学技术大学"精品课程"的网上留言中写道："陈老师讲课生动，让人能全身心地跟随着他进入并行的世界里漫游，丝毫感觉不到枯燥，把科学的魅力展现得淋漓尽致，是很少见的精品课程。"

"讲好课的关键在于备好课"，这是陈国良多年教学实践的经验总结。陈国良说，他曾有幸聆听过华罗庚先生的课堂教学，十分钦佩华先生深入浅出的讲课方式，并非常推崇华先生"一缸水舀一瓢"的教学名言，认为教师只有知识面广，上课才能应对自如，从容面对学生的提问。因此，陈国良每次课前都会认真备课，无论再紧急的事情也不能打扰备课。

近年来，陈国良的备课讲义已经积累7大卷（每卷4本），摞起来足有几尺高。而他每年讲课都会更新其中的三分之一的内容，常讲常新，始终让学生感到新鲜。十几本备课本上布满密密麻麻的笔迹，其下还有或蓝或红的圈注。

他热爱教书，并欣赏每一位学生。"我从来不以同一个模式培养学生。我的学生各式各样，有用功的，有爱玩的，还有喜欢做市场的、做管理的……"针对学生不同的特点和兴趣爱好，陈国良一直坚持"每月三问"的不成文制度。"上次布置的工作完成得如何？手头正在做什么？下一步打算干什么？"每月三次的赤诚谈心，每个学生都要回答他提出的这三个问题。他把每个学生的基本信息、研究方向、谈话交流情况、学习和科研的进展及存在的问题，都清晰地做好记录，并为每个学生登记编号，建立个人档案，针对每个学生的不同情况确定下一步的学习计划和目标任务。他说道："这样便于对研究生培养实现过程管理，以免学生'放羊'，培养学生的自主活动和自我管理能力，保证研究生的培养质量。"

2013年，陈国良获得中国计算机学会颁发的"杰出教育奖"。

2021年1月26日，中国计算机学会在其官网上公示2020年"中国计算机学会终身成就奖"（CCF终身成就奖）的评选结果，陈国良凭借"在并行计算的理论研究、工程应用和教学等方面做出的卓越贡献"而荣获该奖。

"CCF终身成就奖"由中国计算机学会于2010年设立，授予在计算机领域从事专业工作40年以上且年龄超过70岁，在计算机科学、技术和工程领域取得重大突破、成就卓著、贡献巨大的中国计算机资深科技工作者。该奖每年评选1次，每次的获奖人数不超过2名。

陈国良是新中国培养的一代英才。虽然已年过八十，但是他仍旧精神矍铄，精力充沛，面对学生的问题回答得行云流水，将自己诸多的人生感悟结合着自己的经历传授给后辈。谈笑风生间，皆是大师风范，虽衣着不显，但智慧卓然。

"学科代有人才出，各领风骚十数年。"在"未来属于青年，希望寄予青年"的新时代，陈国良积极倡导青年学生不害怕艰苦的科研条件、不抗拒多样的人生经历，努力拓宽知识面，勤于思考，勇敢追梦；热爱祖国，崇尚科学，成为有文化素养的高层次人才。

蔡志明

仁心仁术，使命不渝的特区建设者[①]

蔡志明，生于广东省揭西县。医学博士，管理学博士，外科教授，主任医师，博士生导师，美国医学与生物工程院院士。2021年7月，当选为欧洲科学院院士。现任深圳大学泌尿生殖研究所所长，深圳大学卡尔森国际肿瘤中心副主任，国家泌尿外科重点学科带头人，国家泌尿生殖肿瘤中心副主任，国家肿瘤工程实验室主任，973计划首席科学家，国务院政府特殊津贴专家，国家级领军人才，鹏城杰出人才，中国生物工程学会合成生物学分会副主任委员，广东省泌尿肿瘤重点实验室主任，美国国立卫生研究院（National Institutes of Health，NIH）癌症研究所特聘教授，广东省医学会副会长兼深圳市医学会会长。

自1984年至今，在深圳各大医院工作。1996年起，先后任深圳市罗湖区人民医院、北京大学深圳医院、深圳大学第一附属医院院长及深圳市华大医院筹建负责人，合计27年。作为联合创始人，创

[①] 本文摘自许娇蛟.2016-7-15 蔡志明：33年如一日奋斗在特区医疗第一线［DB/OL］.政协深圳市委员会.http://www.szzx.gov.cn/content/2016-07/15/content_13608750.htm.

建我国首个合成生物学研究重大基础设施和合成生物学创新研究院，获政府资助10多亿元。

他坚持基因研究30年如一日。他发现了膀胱癌表观遗传新机制，被国际誉为揭示了肿瘤发生的"染色质重塑-肿瘤抑制理论"（Remodeling Tumor Suppressor Theory）；并把原始科学发现用于研制"工程化"免疫细胞，精准识别和治疗实体肿瘤，取得显著的效果。

先后获评全国先进工作者、全国"五一"劳动奖章获得者、全国优秀院长、《科学中国人》年度封面人物、中国产学研结合创新奖、中国医院管理创新奖、国际未来医院创新奖、深圳市科技奖"市长奖"等荣誉。

在深圳经济特区医疗领域辛勤耕耘30多年，蔡志明获得过无数的赞誉和荣耀。许多人曾问他"秘诀是什么"，他总结了"一句话"和"三个坚持"：几十年只做一件事——坚持做医生，从不"跳槽"；坚持带学生，乐此不疲；坚持做学问，心如止水。正是这份坚持，让他伴随着深圳经济特区的发展稳步前行，为这座活力勃发的城市书写了一页独特的篇章。

翻山越岭两天半"骑"到特区

1984年的夏天对别人而言可能没有什么不同，但是对蔡志明却意义重大。因为就在那年，他怀揣着大学毕业分配证明，独自骑着一辆破旧自行车，从汕头一路颠簸了400多公里，终于来到祖国改革开放的试验田——深圳经济特区，从此开始了他迄今30余年求职求知、求精求进的行医旅程。

和许多同龄人一样，蔡志明高中毕业后当过工人，也做过老师，在知青队伍中磨炼了6年后才重返校园，在汕头大学攻读医学专业。那时的他求知若渴，经常"泡"在图书馆里。一次偶然的机会，他在报刊陈列架上意外发现了一份新报纸，版头的五个大字十分醒目——深圳特区报。虽然报纸只有一页，但他却被上面刊载的文章深深吸引，文中"时间就是金钱，效率就是生命"的句子让他过目难忘——那是他第一次知道深圳经济特区，第一次知道它正在一日千里地成长着。那篇文章在他的心里埋下了一颗火种，在青春的分岔口指引他踏上了一条不平凡的路。

转眼到了毕业季，凭借着大学期间的优异表现，蔡志明获得了留校机会。但他一心想着到深圳闯荡，所以毫不犹豫地放弃了。当时他们年级有几百人，而能去深圳的人只有3个，他有幸成为其中之一。

在那个年代，连接汕头和深圳的不是平坦的公路，而是崎岖的山路。另外两个分配到深圳的同学的家境都比他好，是坐着大巴车去的。只有他是提前托运了装满家当的大木箱，踩着一部破旧自行车去的。

一路上，蔡志明翻山越岭，走走停停，花了整整两天半的时间。7月份的天气变幻莫测——有时候烈日炎炎，他就一手撑伞遮阳，一手扶着车把艰难骑行；到达惠阳淡水时又突然遭遇洪水，他只好投宿民宅，没想到吃坏了肚子。好不容易到了深圳，他的第一件事竟然不是给别人看病，而是去深圳市罗湖区人民医院（简称罗湖医院）的东门门诊部给自己抓药。

十二年见证市妇幼保健院的初创期

蔡志明怀着满腔激情到了深圳，但是深圳给他的印象却远没有心中想象的那么美好。他的第一份工作是在深圳市妇幼保健院做医生。当时的深圳市妇幼保健院还在人民北路的一栋小楼里，不仅设备少，而且人手也不足。当时每天都有很多人到医院看病、生小孩，但是他们只有三种常规设备——X射线机、B超机、显微镜。后来，蔡志明与同事们建起了深圳市妇女儿童医院（2002年4月与深圳市妇幼保健院合并），科里只有3名医生，根本无法明确分工。无论是门诊、会诊、急诊，还是值夜班、做手术、查病房，都由他们三个人包办。处理妇女乳腺肿瘤、剪舌系带、小儿包皮等手术，他们就在门诊做了。

刚到医院时没地方住，和蔡志明一起分配来的两个同学就去外面住宾馆。他为了省钱，就留在医院"打游击"——办公室、放射科、诊疗室都住过。3个月后，医院宿舍空出了一个床位，他就搬了进去。他清楚地记得，那间小宿舍里挤着3张双层铁床，除了他外，还住着两名司机和两名厨师。他们隔壁住着刚调来的副院长一家，有他的夫人和两个孩子，条件并不比他们好。

后来，医院在黄贝岭给他们租了一套三室一厅的房子，里面满满当当地住了4户人家。那时蔡志明刚刚结婚，分到其中一间约8平方米的房间，里面只放得下一张床和一些衣服。做饭、上洗手间大家都是轮流来，晚上下班后他们就凑在一起聊聊天。现在回想起来，蔡志明觉得那时候条件虽然艰苦，但是生活却十分热闹充实。

蔡志明在深圳市妇幼保健院和深圳市妇女儿童医院一共工作了12年，虽然一直忙碌，但是他始终没有忘记充实自己。1985年，他到上海进修了一年；1989年，他到中山大学攻读泌尿外科的硕士和博士学位，用4年的时间迅速地完成了6年的学业。

1993年，蔡志明重返工作一线。那时候，深圳市妇幼保健院已经搬到现在的红荔路上，医生的待遇也开始逐渐提高。不久，他就迎来了职业生涯中的一个重要转折，开始了新的职业历程。

"四两拨千斤"，让罗湖医院重整旗鼓

1957年建成的罗湖医院（前身为深圳公社卫生院）算是深圳经济特区医疗界的"元老"，但长久以来设施配备老旧、医疗环境欠佳，是全市比较落后的一家二甲医院。1995年底，罗湖医院公开招聘院长，希望招聘一名学历高、视野广的人才带领医院重整旗鼓。当时有很多人反对蔡志明离开深圳市妇幼保健院。他们劝道："你的学历这么高，怎么能到那个又偏僻又落后的医院去呢？"可蔡志明认为罗湖医院是一个大有可为的地

方，而且罗湖区的区长也很信任他，于是他就毅然决然地接受了挑战。

上任第一天，蔡志明就带领一群人到医院的各个楼层去通厕所，把卫生环境建设搞起来。当时罗湖区的领导来医院暗访，被这个小细节深深地打动了。他感慨道："罗湖医院有希望了！"

后来，罗湖区里的各部门领导到罗湖医院现场办公，提出要给医院拨款100万元，帮助医院的建设上一个新台阶。蔡志明提出这笔钱太少了。领导惊讶地反问他道："这还少啊？这是我们迄今为止能拨出的最大一笔款项了。"蔡志明马上提出了自己的想法：由罗湖医院去向银行贷一大笔款，而这100万元则作为贷款利息。领导听了后马上称赞："这个想法好，四两拨千斤！"

就这样，由罗湖区投资管理公司担保、罗湖区政府贴息，罗湖医院成功向银行贷了3000万元。利用这笔钱，蔡志明把罗湖医院的上上下下进行了重新装修，购置了彩超机、计算机X线断层摄影机（CT机）及其他一些大型设备。此外，他还广纳贤才，返聘了18名很有分量的老医生，利用他们的经验把罗湖医院的各学科搞得有声有色，微创外科、肝病中心、生殖中心更是让罗湖医院蜚声遐迩。

特色专科为罗湖医院迎来春天

传统的"大开刀"手术不仅动作大，而且病人恢复慢、出血多，缺点显而易见。随着技术的进步，"微创化"成了世界临床医学发展的大趋势。蔡志明到罗湖医院不久，就成立了微创外科中心，由他担任临床主任。

罗湖医院做的影响最大的一台手术，就是为"活雷锋"陈观玉切除胆囊。当天，他们使用直径为2.7毫米的腹腔镜，从早晨7点开始手术，历时1小时完成，总共取出96颗结石。到了下午，陈观玉就能在搀扶下去探望别的病人了。这场手术让罗湖医院的微创外科出了名，不仅深圳市的媒体争相报道，许多病人也纷纷慕名而来。

他们再接再厉，尝试用胸腔镜切断胸交感神经，以此治愈在青少年中十分常见的手汗症。为了学习这个技术，他们专门到香港去"取经"。当时有一位领导不相信他们的技术，刚好他的小孩有手汗症。他就向这位领导打包票："你带孩子来，我们保证手术完马上就好。"术前，这位领导摸了摸孩子的手，又湿又冷的；手术切完神经，再一摸孩子的手，居然马上变得又干又暖了。

立竿见影的效果不胫而走，全国各地被手汗症困扰的患者都想到罗湖医院做手术。那时做这样一次手术大约需要8000元，罗湖医院只收6000元，节省下来的2000元给病人买机票和提供住宿。很快，罗湖医院的手汗症病例数就积累到全球第一。

此外，罗湖医院成立了肝病中心，由国内知名的肿瘤治疗专家徐克成教授担任主任；成立了生殖中心，使罗湖医院成为深圳经济特区第一批成功诞生试管婴儿的医院之一。靠着跨越式的发展和稳打稳扎的技术积累，罗湖医院脱胎换骨，在深圳全市的区级医院里名列前茅。

"一体两翼"支持北大医院跻身一流

1999年底，深圳市中心医院（后更名为北京大学深圳医院，简称北大医院）建成，面向社会公开招聘院长。蔡志明以面试、笔试第一的成绩脱颖而出，成为北大医院的第一任院长。面对当时还是一张白纸的北大医院，他走马上任后的第一件事，就是思考如何在这张白纸上描绘最美好的图画。

为了让它迅速做好做大，医院在深圳市委市政府的大力支持下引入名校力量，使北大医院成为北京大学第一个异地办医成功的案例；为了更好地为病人服务，蔡志明大力支持发展健康产业，不仅在医院成立了大型的体检中心、特诊中心和特诊病房，还带领医疗队伍走进企业普及亚健康知识；为了节约成本和提高效率，蔡志明率先推动"医院后勤社会化"，把物业、安保、餐饮、服务都外包给专业公司做，这项制度改革后来获得了国家医院创新奖。

在北大医院任职期间，蔡志明一如既往地重视科研攻关，除了打造全市第一家广东省生殖与遗传重点实验室外，还在深圳市科技创新委员会的支持和资助下，孕育了全市第一个生物样本库。建立生物样本库，是一项"前人种树，后人乘凉"的基础性工作，需要精心的积累和漫长的等待。但是每份存留下来的肿瘤标本，血、尿、粪等样本，都是人类珍贵的遗传资源，能为医学科研的发展做出重要贡献。

那时，北大医院妇产科和市卫生部门合作筹建了宫颈癌早期筛选中心，为大量适龄妇女做宫颈刮片、宫颈活检、阴道镜等检查，检查标本全都存留下来。最后，光宫颈标本就达到100多万例，其中呈阳性的就有好几万例。他们还从克利夫兰引进全美排名前三的产科主任Ballens博士，为深圳的妇女做肿瘤普查，Ballens博士后来获得了由总理亲自颁发的"中国友谊奖"。

蔡志明在带领北大医院迅猛发展的12年间不断摸索，创新性地提出了"一体两翼"的医院管理模式，即把医疗教学科研作为"机体"，把健康产业和后勤社会化作为"两翼"，让医院这架大型飞机在浩瀚的天际扶摇直上。2006年，"一体两翼"获得了广东省科技进步奖和深圳市科技创新奖。

让"一滴尿验癌"不再遥远

2010年，蔡志明在北大医院任职期满，轮岗到深圳大学第一附属医院（又称深圳市第二人民医院，简称二院）。他刚到任的时候，二院在全市的三甲医院里排名相对落后。蔡志明决心继续秉承"科技兴院"的精神，人才、学科、设备"三管齐下"，让二院更上层楼。

经过几年努力，二院成为80多个国家级、省级、市级的创新载体。这是什么概念呢？这个数量相当于好几个一般医院相加的总和。其中，光二院的泌尿外科门口就挂着10块创新载体的牌匾。除了泌尿外科，二院的骨科拥有6个专科，是国家重点学科；二院的神经外科也是全市乃至全国驰名；传统的优势学科，如血液科、烧伤科和康复科，也都在稳步发展和提升。

在二院期间，蔡志明个人也在不断地带领科研团队突破创新。当时，他负责为国际顶尖科学杂志《自然·遗传学》审稿，一个特殊的基因引起了他的注意。他发现它在卵巢癌、脑瘤、肝癌里的突变的频率比较高，于是立刻在大数据库中进行进一步筛查。结果他们发现，这个基因在输尿管癌、肾盂癌、膀胱癌中的突变频率非常高，而在肾癌、前列腺癌、尿道癌中突变频率很低甚至没有——这意味着用这个基因来筛查尿路上皮癌是很准确的。

很快，世界权威医学刊物《欧洲泌尿外科》（European Urology）将蔡志明团队的这一重大发现作为封面文章发表出来，同时刊载的还有另外两个国家的相关科学发现。紧接着，他们团队注册了6个中国发明专利和1个国际发明专利，并研制出以这个基因为主的多基因、多靶点生物传感复合芯片。

初步实验表明，用复合靶标检测膀胱癌的精准度是最高的。蔡志明希望在不久的将来每个人的口袋里都能有这样一个简单操作的仪器——只要滴一滴尿在上面，就能知道自己有没有患膀胱癌。下一步，他们还有望将"一滴尿验癌"的范围扩大到整个泌尿生殖系统乃至全身。

"异种器官移植"点燃生命之光

蔡志明在二院牵头做的另外一件大事就是异种器官移植。他从事基因研究已经有二十多年，对于异种器官移植技术的重大意义深有感触。举个简单的例子来说，我国每年大约有30万人需要做肾移植手术，可是真正能够走上手术台的只有不到5万人，也就是说每年有25万等待肾移植的病人只能在死亡的边缘挣扎。如果对这些人进行异种器官移植，那么为社会带来的价值将不可估量。

在所有动物中，猪的器官与人类最匹配；而且一头成年母猪一年可以产仔2次，一次可以生12~16个猪仔，无论从可操作性还是从性价比来说，都是异种器官移植的最佳选择。由于深圳市领导的大力支持，深汕特别合作区给了他们两块地，一块用作建设科研园区，一块用作猪的养殖地，他们计划养 3 万～5 万头猪。

现阶段蔡志明科研攻关团队取得的最大成果是在全球范围内率先研制出可为人类移植的"猪角膜"，并成功做了 70 多例移植手术，被英国广播公司（British Broadcasting Corporation，BBC）评选为"中国五大科学工程"之一。如今，蔡志明团队正在与美国、日本等国的专家合作改造猪的胰岛，未来有望让糖尿病人彻底摆脱困扰。未来他们还计划改造猪的肾脏、肝脏等器官，为全球数以千万计的病人带来重生的希望。

这项技术的前景虽然无限光明，但是蔡志明团队也面临着巨大的科学挑战。在异种器官移植之前，他们首先要通过基因改造将猪的器官"人源化"，解决异种器官的急性和慢性排异问题，延长异种器官的使用寿命，解决异种器官的病毒感染问题。想要攻克这些难题，需要全社会的支持和投入，单靠政府的力量是远远不够的。所以，他们打算为这个项目成立专项基金，也呼吁社会各界有识之士为人类的生命健康贡献自己的一份力量。

2016 年 1 月，蔡志明离开了坚守 21 年的医院院长岗位。在宣布正式卸任之前，他给自己剃了一个光头，意为"新的生活，从头开始"。如今，他仍然保持几十年来养成的学习和工作习惯，早上 7 点出门，晚上 10 点回家。他对物质享受的要求从来不高，不喜欢旅游、打牌之类的活动，但酷爱体育运动，至今仍然保持着打乒乓球和打篮球穿插进行的运动习惯。蔡志明特别看重的是事业上的进步和成果，对工作质量和效率要求很高，对学生及同事的要求几近严苛，这有利于他们快速成长。蔡志明在自己的科学论文集的自序上写道："岁月的流逝，我改变的是年龄、职务和职称，不变的是对事业不懈地追求。"

"你问我什么时候退休？我的答案是不需要退休，因为我的心还年轻，我还能做很多事。你问我什么最让我感到自豪？我的答案是从顶着艳阳、冒着风雨来到深圳经济特区的那天起，我工作的每一天都尽心尽力，我敢说'作为一名经济特区的普通建设者，我无愧于这座伟大的城市！'"蔡志明说道。

中篇
事业心：科教并重守初衷

本篇介绍的科学家们是在祖国培养下成长起来的新一代中青年科学家。在科学研究的同时，他们大多心系教育事业。无论是在学府教书育人，还是创业培养团队，他们奋楫笃行，为中国科技增添新生力量。

刘青松

持地磁密钥，探秘深海

刘青松，南方科技大学海洋科学与工程系讲席教授，校党委委员、人力资源部部长、海洋科学与工程系党支部书记。2005年，获得欧盟的玛丽·居里博士后奖学金。2007年，获得英国南安普敦大学讲师职位，同年底入选中国科学院"百人计划"，任中国科学院地质与地球物理研究所研究员、博士生导师。2010年度国家杰出青年科学基金获得者。2015年，入选中国科学院特聘核心骨干研究员，入选青岛海洋科学与技术试点国家实验室首批"鳌山人才"卓越科学家。2016年，入选国家"万人计划"领军人才。2016年8月，加入南方科技大学海洋科学与工程系。2018年入选教育部"长江学者"特聘教授和深圳市国家级领军人才。2019年，获评为"全国模范教师"。目前，带领团队在深圳附近海区进行研究，正在打造一支世界一流的海洋磁学团队，为我国的海洋科学事业做出贡献。

走进刘青松教授在南方科技大学的办公室，两个大书柜映入我的眼帘，一个书柜的玻璃窗里摆满了各种荣誉证书，一个书柜里整齐地摆放着专业书籍。自 2016 年入职南方科技大学以来，刘青松在 2018 年入选教育部"长江学者"特聘教授，2019 年被评为"全国模范教师"，2020 年成为全国高校"双带头人"教师党支部书记工作室负责人。中国海洋学会联合中国太平洋学会、中国海洋湖沼学会、中国造船工程学会、中国航海学会及中国指挥与控制学会评选出 2019 年度"中国十大海洋科技进展"，南方科技大学海洋科学与工程系教授刘青松领衔的"远洋垂起固定翼无人机磁测系统海试成功"入选。参与完成的项目荣获海洋工程科学技术奖二等奖。截至 2021 年，他发表了国际科学引文索引（Science Citation Index，SCI）论文 220 余篇，被引 8300 余次，是海洋磁学领域的杰出科学家。

每个荣誉对刘青松来说都是奋斗的见证，在教学和科研的路上走得越来越远、越来越高。

长期努力坚持，就能脱颖而出

在教育和科研道路上孜孜不倦耕耘数十载，刘青松已经是研究领域的佼佼者。

对于科研教学工作，刘青松认为必须具备的素质是有坚持的决心和毅力，有情商、会合作，还要有乐观精神。

在刘青松看来，科学家分为两类。一类是像牛顿、爱因斯坦这样的少数的天才科学家；另外的大部分科学家则是天分不那么突出，但是在漫长的科研道路上能够坚持到底。他把自己归于第二类。他坚信在科研道路上能够取得成就的不是一开始就走得最快的，也不是最聪明的，而是不断克服困难坚持到最后的。他信奉"冒泡理论"。通俗地说就是，在任何环境里，自己要主动向上，向第一梯队看齐，经过长期努力坚持，就能够脱颖而出。

刘青松一直坚持在地质学、海洋学领域开展研究工作。他认为，社会不仅需要有人去发展科技、创造社会财富，也需要有人能够沉下心来做科学发现，提高认知。他正在研究的一个重要方向是"亚洲粉尘与西风带演化研究"。亚洲内部分布着广阔的沙漠，西风带扬起风尘搬运向北太平洋方向。落入海洋的粉沙富含着营养物质，又影响着海洋生态的变化。这一过程对该区气候和生态有深远的影响。他的这个项目的主要研究目标在于追踪风沙发展历史，判断西风带演化规律，预测未来。

地球磁场变化也是刘青松教授研究的主题之一。作为地球的保护伞，地球磁场防止大规模的宇宙高能粒子入侵，对地球生命演化具有重要意义。同时，地球磁场起源于地球外核，因此地球磁场演化可以被用来研究地球深部的动力学信息。在南方科技大学，他建立了世界一流的海洋磁学实验室，利用洋壳、火山岩、沉积物等介质，构建不同时间尺度的地球磁场演化模式。

刘青松的课题组有多篇新论文被国际顶级自然指数期刊接收，发表于《自然·通讯》(*Nature Communications*)、《美国科学院院报》(*Proceedings of the National Academy of Sciences of the United States of America*，PNAS)、《地质学》(*Geology*)、《地球与行星科学通讯》(*Earth and Planetary Science Letters*，EPSL)、《地球物理学研究杂志》(*Journal of Geophysical Research*，JGR) 等上。

深深地扎根在这片土地上

刘青松出生在河北涿州，母亲是小学教师，很重视家庭教育，不是那么看重他的学习成绩，更注重培养他的学习兴趣，让他根据自己的兴趣和志向自由发展。因此，小时候的刘青松有一个比较宽松的学习环境。"那个年代不用被逼着上兴趣班和补习班，全靠自由发展，后来反而能做出些成绩来，很多人都是这样。"刘青松说道。这对他后来培养和教育学生也产生了深远的影响。

1989年，他考入中国地质大学应用地球物理系。凭借着踏实的努力，他获得了班里唯一的保研名额。1999年,他选择出国留学去看看世界科学研究的状况。在国外,刘青松对自己的要求相当严格,学习和工作到晚上12点是家常便饭。凭借着这份热爱和执着,他拿到了在欧盟享有盛名的玛丽·居里博士后奖学金,并获得英国南安普敦大学的讲师职位。从美国到欧洲,留学英美有8年之久,他也获得了不少科研机构抛来的橄榄枝。

当被问到是否有过一直留在国外的念头时,刘青松很坦然地说道:"出国只是追求科研理想使然,自己在中国这片土地上出生和成长,人生观和价值观已经深深地扎根在这片土地。"他深深认同"科学无国界,科学家有祖国"这句话,从未想过要缺席中华民族崛起的关键时刻。只有把所学带回国,才对得起国家的培养。在刘青松看来,在国外学习的最大收获就是学会多角度地看问题,把在国外研修的视角带回国内,开拓科研的格局。

2007年底,他凭借入选中国科学院"百人计划"的机会,回国到中国科学院地质与地球物理研究所做科研工作和任教。他在这里一工作就是近十年。2016年8月,南方科技大学的浓厚宽松的学术研究氛围和国际化战略定位吸引了他。于是,他来到中国改革开放的最前沿——深圳,加入了南方科技大学海洋科学与工程系。

在这所优秀的学校,他认为最自豪的事情就是一直和优秀的教师队伍一起工作与学习。他认为,在优秀的群体里要想不掉队很有挑战性,但也更有动力,他乐在其中。

最看重的荣誉是"优秀书院导师"

2017年的第33个教师节,刘青松被评为南方科技大学"优秀书院导师"。在发表感言时,他说道:"被评为优秀导师,是我最看重的一种荣誉,没有之一。"2019年的第35个教师节,他又收到了一份特别的教师节礼物——教育部颁发的"全国模范教师"荣誉称号。在广东省41名入选"全国模范教师"的教师中,刘青松是深圳高校中唯一的入选者。这也是南方科技大学的教师首次获得这项殊荣。

回国任教以来,刘青松深受学生们喜爱。在教学工作中,刘青松以"平等互助"、"以人为本"、"开门式"和"一个也不少"为培养理念,注重师生之间的交流、提高学生的自我意识和独立解决问题的能力,力争帮助每位学生成长成才。

在学生的成长道路上,他对导师角色的重要性深有体会。他在国内的博士生导师朱日祥院士做学问非常严谨,选择的学科方向非常前沿。这样的科研态度潜移默化地影响他至今。在留学期间,教授们都很平易近人,在学习和生活上给了他很大的帮助与影响。早年求学成长的经历,让他知道了自由发展的重要性。现在,他努力把这些优秀导师的思想传承下来,影响着自己的学生们。

"每个个体不同,发展路径不同,导师要主动引导,让学生根据自身的情况选择方向。发展有时不是设定的,而是要根据实际情况及时调整的,这对学生来说至关重要。"刘青松说道。对于学生的科研之路,他认为首先要有坚实的基础,学习踏实,广泛涉猎,倡导自学,在导师的帮助下明确自己的方向。他认为,学习态度决定了学生之后发展的差别。

结合自己长达 8 年的留学科研经历,他将国际高水平实验室人才培养理念与国内科研发展需要结合起来,融合成一套独特新颖的教学科研思想,培养出更多具有独立思想、自主创新和开放交流能力的科研人才,将一线科研的思想及时传递给学生。他为中国古地磁学和海洋磁学培养了一批优秀的青年科学人才,多人成为教授、副教授、副研究员等,1 人获得国家自然科学基金优秀青年科学基金。此外,他指导的学生在就读期间多次获得国家奖学金、中国科学院院长特别奖,获评中国科学院优秀博士论文、朱李月华优秀博士生奖……基于他卓有成效的培养理念和学生的优异表现,刘青松曾荣获中国科学院朱李月华优秀教师奖、中国科学院优秀导师奖和中国科学院优秀研究生指导教师奖等。

以"大科普"传播科技

在南方科技大学有这样一个教授科普团和一个科普平台——南方科普大讲堂。他们上台是教授，下台是家长；下台是学生，上台是老师。在这个平台上，每个人都兼具多个身份。在不同维度上促进了师生之间、教授与管理者之间、大学与中小学之间、大学与社会之间的认同。

刘青松是教授科普团的创始人。他表示，在21世纪，科学就是时代的脉搏。为儿童做科普，是他早已有之的想法。依托南方科技大学丰富的科普资源，他酝酿开展科普活动。他的这一想法得到其他志同道合的教授的支持，科普团的力量越来越壮大。如今，科普团每周会根据科普专题寻找相应的老师，教授们也经常主动分享各自研究领域中适合科普的有趣内容。教授们对教育的热爱是发自内心的，期望更多的孩子能尽早地、最大限度地接触科学，积累科学素养。

自2017年夏天"南方科普大讲堂"开创以来，南方科技大学科普团已经从最初的几位创始人发展为以教职工为主体的500多人的群体。目前，不少来自深圳其他高校和单位的科普爱好者也加盟了南科大科普团。南方科技大学与深圳市的许多科普组织形成了良好互动关系。

对于南方科普大讲堂未来的发展，刘青松希望在组织内容和规模等方面进一步发展，并和校外活动结合起来，向社会传播科学理念。科普是"科学知识的普通话"，是科学家与包括小朋友在内的各领域和各年龄段的大众沟通的良好渠道。刘青松相信，科普文化能点燃人们心中的科学之"焰"。

刘青松在公益科普事业上的另一个成果是其作为主编之一的"十万个高科技为什么"。2020年至今，"十万个高科技为什么"系列图书陆续出版发行，目前已出版至第三辑。这是一套面向未来的科普读物，由一批重量级教授主笔，以南方科技大学教师最新的科研成果为基础，聚焦当代科技发展前沿，通俗易懂，兼具时代性、原创性和引领性。刘青松及编委们期望更多人理解高科技，领略到科学之美，在心中播下热爱科学的种子。

《十万个高科技为什么（第一辑）》出版后，受到广大读者的好评，一举成为畅销书籍。2021年2月，该书入选《中国新闻出版广电报》2020年度优秀畅销书排行榜科技生活分榜。2021年6月，该书入选广东省教育厅举办的第十四届广东省中小学"暑假读一本好书"推荐书刊。

"双带头人"创立标杆 党建业务全面发展

刘青松是南方科技大学海洋系最早入职的教师之一，负责组建党支部并担任书记。他带领党支部多次获评先进基层党组织。2020年，他的工作室入选全国第二批高校"双带头人"教师党支部书记工作室，党支部入选"全省党建工作样板支部"。

2021年，刘青松教授结合专业知识编写了"重走长征路"之《长征路上的地质故事》。这是他在"党建+业务"双融双促创新模式上的新实践。一方面，他通过地质角度展示了红军艰苦卓绝跋涉千山万水的奋斗过程，另一方面，也加强了公众在学习历史的过程中对自然的接纳和热爱。

除此之外，刘青松教授热心于参加国内外学科的规划和发展，如参加国家、省部级和市级科学基金和重大项目的评审，参加深圳市关于筹建海洋大学与发展海洋科学的规划，为深圳建设中国特色社会主义先行示范区和全球海洋中心城市建言献策等。

"持地磁密钥，向潮头立，探秘深海；处科教一线，红专并进，科教报国"是刘青松教授科学事业和职业生涯的真实写照。

庞建新

少年成才，深耕机器人技术

庞建新生于江苏，本科和研究生都毕业于中国科学技术大学信号与信息系统专业，分别获得工学学士和博士学位。曾任中国科学院深圳先进技术研究院高级工程师，硕士生导师。现任深圳市优必选科技股份有限公司副总裁和研究院副院长，担任广东省服务机器人定位导航技术企业重点实验室主任。主持了国家自然科学基金青年科学基金、国家发改委、广东省科技厅和深圳市等的科研项目数十项。是科技部科技创新2030—"新一代人工智能"重大项目、省科技厅"广东省实验室"等重大项目的评审专家。成功申请了超过200件国内外专利，在国内外学术期刊和学术会议上发表了二十多篇学术论文。作为公司主要技术负责人，领导团队开展了一系列的机器人和人工智能核心技术的研发，并广泛应用在公司产品上。主要研究方向是人工智能、计算机视觉和智能机器人。

2021年10月1日，阿联酋2020年迪拜世界博览会隆重开幕。这是新冠疫情暴发后的第一次世界博览会，也是中东地区举办的首届世界博览会。中国馆是迪拜世界博览会中面积最大的展馆之一。在中国馆"华夏之光"前，大型仿人机器人——熊猫机器人"优悠"首次亮相，颇为引人注目。这是来自深圳的科创公司——深圳市优必选科技股份有限公司自主研发的智能机器人。作为此次迪拜世界博览会的"官方唯一智能机器人合作伙伴"，熊猫机器人"优悠"及2021年首发的Walker X在中国馆内的多个场景提供智能服务。

熊猫机器人"优悠"

熊猫机器人"优悠"是以大熊猫的形象为设计原型，在Walker X的基础上，为迪拜世界博览会中国馆专属定制的，是中国文化符号和前沿科技的完美融合。Walker X的诞生地——深圳市优必选科技股份有限公司研究院就坐落在深圳南山智园的一栋楼内。作为深圳市优必选科技股份有限公司科技副总裁和研究院副院长的庞建新，就在这里办公。他带领团队完成了许多从无到有的开拓。

少年成才，人工智能领域大展拳脚

1982年出生于江苏的庞建新，15岁考入中国科学技术大学。这位别人眼中的"少年天才""天之骄子"成长于一个农村家庭。从小听话、乖巧的他，因为家人的缘故，常常可以接触到各种各样的读物，培养了他对阅读的热爱。"我的爷爷是一位退休干部，再加上家乡那边的氛围，对教育还是比较重视的。"庞建新说道。

1997~2008年，庞建新在中国科学技术大学顺利地完成了本科、硕士、博士阶段的学习。从本科的电子工程与信息科学专业，到博士期间的图像处理研究（即计算机视觉），庞建新自己都还没有意识到，在未来20年，他的所学所得在人工智能领域会大有作为。

博士在读期间，庞建新作为项目负责人，带领团队开始进行图像质量评价的研究。"这是一个纯科研项目，没有工程的成分。图像的客观质量评价在当时是一个比较难的事情，效果也不是特别好。第一年就是看文章、做实验，几乎没有什么成果，还是比较煎熬的。"庞建新回忆道，"第二年开始，通过不断的摸索，渐渐找到一些方法，测试的效果还不错。"最终，庞建新就该课题前后发表了6篇论文，是一个相当不错的成绩。博士毕业时，他获得了"中国惠普优秀学生奖学金"。

2008年，庞建新博士毕业后先去了杭州。他在杭州从事了三年人工智能（AI）算法的研究后，2011年，庞建新南下深圳。开放包容的特区精神和氛围，给了他大展拳脚的机会，使他及团队站在了行业的前沿，成了业内的标杆和楷模。

2011年，庞建新加入中国科学院深圳先进技术研究院，一边做科研，一边做产业。在继续从事计算机视觉研究的同时，他参与到与深圳市腾讯计算机系统有限公司（简称腾讯公司）的合作中，研发了一款名叫"小Q"的智能机器人。这是基于互联网和智能机器人技术的跨界融合，几乎是第一款面向家用的基于云服务的智能机器人，非常具有代表性，获得了广泛的关注。对于庞建新来说，这更是他个人事业的拐点。从此，他正式从AI研究转向机器人研发，将人工智能与机器人相结合。

此后，他作为小Q机器人系列产品的主要技术负责人之一，带领团队进行技术攻关和产品迭代，陆续研发出光控式移动投影仪"Q影"、智能交互家用机器人"小小 Q"等智能产品。小 Q 系列产品，作为互联网领军企业和中国高等科研机构合作开发的创新型科技产品，在当时引发了广泛的社会关注。腾讯公司首席执行官（CEO）马化腾及其技术团队曾向多位领导人展示这些产品，并得到高度认可。

凭借着这些成果，庞建新获得了 2014 年度吴文俊人工智能科学技术奖二等奖、2014 年首批广东省特支计划"科技创新青年拔尖人才"。

此外，庞建新作为负责人承担了国家自然科学基金青年科学基金、广东省产学研重点项目 1 项和深圳市项目 1 项，作为主要成员承担了多项科研和产学研项目。

全情投入，机器人研发成绩斐然

2015 年初，成立仅两三年的深圳市优必选科技股份有限公司，凭借着机器人研发的事业蓝图，成功地吸引了庞建新的目光。"我个人比较喜欢机器人，优必选做机器人的想法非常好，跟我自己的兴趣很匹配。"庞建新说道。庞建新决定全身心地投入机器人产业中。他离开中国科学院深圳先进技术研究院，加入深圳市优必选科技股份有限公司，负责主要的研发工作。当时，深圳市优必选科技股份有限公司成立不久，整个公司只有几十名员工，研发团队不过十来个人，研发场所与工厂都设在龙岗区，距离庞建新位于西乡的住所有大概 50 公里远。也就是说，他每天上下班来回的距离有差不多 100 公里。"做的事情有意思，这些困难都可以克服，都不是太大的问题。"庞建新说道。

2015 年底，在"大众创业，万众创新"的新浪潮下，深圳市人民政府联合深圳市科学技术协会、深圳市科技创新委员会，从深圳市的本土科技企业中挑选了能够参演 2016 年春节联欢晚会的机器人展演项目。深圳市优必选科技股份有限公司名列其中，并通过多次比拼、层层筛选，成功入围当年的春节联欢晚会节目名单。

对于一个年轻的科技型企业，深圳市优必选科技股份有限公司首次参加这样的大型展演项目，庞建新和深圳市优必选科技股份有限公司的首席技术官（CTO）熊友军带领团队，顶着巨大的压力，克服了许多环境障碍和技术难题，最终将540台Alpha人形机器人齐舞的壮观场面完美地呈现在春节联欢晚会现场，向全国人民展示了深圳科技创新的成果，凸显了中国科技蒸蒸日上的硬实力。

说起当年筹备节目上春节联欢晚会的往事，庞建新打开了话匣子，说道："当时的演出场地在广州'小蛮腰'下面。'小蛮腰'是电视塔，信号很强，会干扰机器人的通信。这个问题在距离机器正式装箱运输的前一周的实地彩排时才发现。所以，我们团队在最后一周还在不断地寻找新的方案。最终在装箱启程前的10个小时左右，方案才测试成功。"除了通信技术问题，保证机器人产品的稳定性和可靠性也是一个巨大的挑战。庞建新继续介绍道："一台机器人有16个伺服关节，4个方阵共有540台机器人，差不多有近9000个伺服关节。我们的机器人表演了俯卧撑、倒立等各种复杂动作，这就意味着只要有一个关节出问题，节目的整体效果就大打折扣了。所以当时电视台的导演基本上给的都是近景，因为怕大场景会有瑕疵，但其实在现场看，远景比电视直播的效果更好。"深圳市优必选科技股份有限公司代表深圳市向全国人民做了一场精彩的汇报。

从这时开始，深圳市优必选科技股份有限公司在业内名声大噪，研发的机器人产品也成为机器人行业的明星产品。也是从2016年春节联欢晚会之后，包括无人机在内的人工智能机器集群表演逐渐普及，国内的相关产业链逐渐发展完善，成为一种重要且常见的商业模式。

2016～2021年，深圳市优必选科技股份有限公司的机器人成为春节联欢晚会舞台的"常客"，先后4次登上春节联欢晚会舞台，成为全国观众喜闻乐见的特色节目。经过不断的创新和迭代，每年亮相的机器人都有让人意想不到的新变化。在让人耳目一新的同时，这些机器人也代表着中国科技创造的新高度和中国科技人才的无穷潜力。

2016年，庞建新及其团队新面临的第二个挑战，也是深圳市优必选科技股份有限公司自成立以来的第二件大事，是Jimu机器人系列产品进驻苹果官方零售店。Jimu 机器人是一款可以拼装的机器人，它不仅是商品，而且是一个机器人教育和编程教育的平台，用户可以随心所欲地设计、搭建编程，随时创造属于自己的独一无二的机器人，并让他们的专属机器人真正动起来。

作为该系列产品的主要技术负责人，庞建新带领着一个相当年轻的开发团队，要达到苹果公司对产品设计的严苛标准，这在当时是一个很大的挑战。"我们当时的产品包装、软件设计与苹果公司的标准中间有一个很大的'鸿沟'"，庞建新说道。为了打造这样一个符合苹果公司产品规范的产品，庞建新及其团队在美国寻找了专业的顾问和设计师进行对接，最终顺利完成交付，成为首批进入苹果官方零售店的中国产品，也是中国自主知识产权走出国门的代表之一。

2021 年 10 月 1 日，熊猫机器人"优悠"作为国家形象的代表，出现在迪拜世界博览会的现场，是深圳市优必选科技股份有限公司的又一项殊荣，取得了很好的效果，受到媒体及游客的广泛关注和喜爱。

作为国家名片的"优悠"还登上了 2022 年春节的相声晚会，搭档相声演员董建春和李丁说相声，这是机器人在语言类节目中的首秀。

2022 年北京冬奥会，"深圳礼物"优必选悟空机器人等深圳科技元素通过连线的方式在开幕式上亮相，以"冬奥＋时尚＋科技"的创新方式祝福冬奥，向世界传递 AI。

《分析洞察》（Analytics Insight）发布的"2022 年更受瞩目的十大机器人公司"榜单中，深圳市优必选科技股份有限公司与英伟达、罗克韦尔自动化、波士顿动力、iRobot 等全球知名公司共同入选，是唯一上榜的中国企业。

对于团队取得的成果和荣誉，庞建新非常谦虚，说道："中国的很多技术都有很高的科技含量，像 5G、生物科技等。之所以机器人的关注度高，是因为它的展示度很高，而其他很多尖端的科技是看不见、摸不着的，所以机器人更容易赢得外界的关注。"

在推进产业化的同时，深圳市优必选科技股份有限公司还深耕教育领域，不仅面向学前教育至高中教育（K12）阶段的青少年儿童，而且走进中高职校园，融合深圳市优必选科技股份有限公司的尖端技术及产品开展 AI 教育，形成课程、培训、竞赛、科研、空间建设、师资培养等全方位体系，旨在提高学生的 AI 知识及技能，更注重提高未来人才的科学素养。截至 2021 年初，深圳市优必选科技股份有限公司的人工智能教育已落地国内的 3000 多所学校、全球超过 40 个国家。

凭借着出色的工作成果，庞建新获得了"2018 年广东省技术发明奖二等奖""深圳市地方级领军人才"等荣誉。

在工作之余，庞建新热心于社会活动，承担了多项社会职务，如广东省人工智能和机器人学会常务理事、中国计算机学会智能机器人专委会委员、中国计算机学会深圳分论坛执行委员、致公党深圳市委会委员、致公党深圳市委会科技与经济委员会副主任、致公党广东省委会科技与教育委员会委员等。"我个人的成长离不开社会各界给予我的机遇或平台，所以在力所能及的范围内，我也想去回馈这个社会。"庞建新说道。

对于未来，庞建新的目标明确，说道："主要还是两方面。一方面是把 AI 技术做好，将技术更好地孵化成产业。另一方面，想以自己的力量去做好社会服务，去影响更多的人。"

对于中国科技未来在世界舞台的表现，庞建新充满希望，他总结了中国科技的三点优势："首先，中国人更团结，在中国做科技很容易团结一些人来共同发力。其次，我们有广阔的市场，市场竞争格局比欧美更激烈，对于科技创新的推动力更强。另外一点是，我们的产业基础现在比欧美要完善一些。"同时，他也指出了我们在人才培养方面的不足，说道："总体来说，中国科技工作者的整体水平比欧美要低一些，人才结构中的创新型人才的占比也小了一点，在美国 Top 100 高校里培养出来的学生的优秀比例会高很多，但我们还做不到。"

作为成绩斐然、未来仍大有可为的青年科技工作者，庞建新以自身经历向正在成长中的青少年提出了几点建议："首先，要做好基础知识的搭建，培养良好的学习能力；其次，是认认真真做好每一件事；最后，与人相处中要学会沟通与协作，尤其要尊重他人，每个人的成功都不只是个人的努力，离不开他人及社会的帮助。"

何佳清

十年磨剑，自创"三块板"理论

何佳清，1998年获得武汉大学物理学学士学位；2004年获得武汉大学和德国于利希研究中心联合培养的物理学博士学位，师从著名电子显微镜专家克努特·厄本（Knut Urban）教授和王仁卉教授；博士毕业后的2004~2012年先后在美国布鲁克海文国家实验室和美国西北大学工作。何佳清教授在SCI期刊上发表论文220余篇，其中有135篇高水平期刊文章，包括在《科学》（*Science*）上发表的6篇、在《自然》上发表的3篇。他发表的文章被引用22 000多次，h指数为69。申请中国发明专利/PCT[①]专利30件，其中授权国内发明专利17件，授权美国发明专利2件。近年来，他主持国家自然科学基金重大项目等科研项目10余项。何佳清教授曾多次受邀在美国材料学会（MRS）、国际热电大会（ICT）等国际会议，国内外大学和研究所做口头学术报告，还受邀担任PRL等30多种国际著名期刊的长期审稿人。2014年，他获评深圳市"鹏城学者"特聘教授；2017年，获教育部自然科学奖二等奖（排名第一）；2018年，获深圳市"五一

---

① 专利合作条约，patent cooperation treaty。

劳动奖章"。现任南方科技大学理学院副院长、物理系主任、讲席教授，研究方向主要有透射电子显微学、热电材料和结构与物理性能关联性。

2021年4月，全球性信息分析公司爱思唯尔（Elsevier）正式发布了2020年"中国高被引科学家"（highly cited Chinese researchers）榜单。2020年爱思唯尔"中国高被引科学家"榜单以全球权威的引文与索引数据库Scopus作为中国学者科研成果数据来源，根据一定的遴选标准与方法，最终评选出4023位各学科最具全球影响力的中国科学家。南方科技大学共有24位科学家入选，何佳清是其中的一位。

2013年，何佳清以物理系教授的身份加入南方科技大学。这些年间，说起科研，何佳清绝对算得上成就卓越。多年来，他一直致力于透射电子显微学、功能材料的物理性能与结构关联性、热电材料与器件等相关领域的研究，取得了一系列具有国际影响力的成果。仅在国际顶尖学术期刊《科学》上就发表了6篇重量级研究论文。

2020年，何佳清晋升为讲席教授。此后，何佳清团队仍频有研究论文发表。仅2021年2月，何佳清团队于一星期内就在《科学》上先后发表了2篇热电材料研究论文。

热电转换技术是一项基于半导体材料的新能源技术。该项技术能够实现温差生电和通电制冷的效果，分别在工业废热回收利用和电子制冷领域有重要应用。相较于传统能源转换技术，热电转换技术由于器件具有尺寸高度可控、可靠性高、无运动部件、无污染和无噪声等优势，在航空航天和集成电路等关键领域具有不可替代的重要价值。

何佳清现在南方科技大学任理学院副院长、物理系主任、讲席教授，身兼多职的他，还承担着许多行政工作，但他对热爱的科研工作始终甘之如饴。他认为，科研也是教授的重要职责，教授有责任通过科学研究不断发现和创造新的知识，不断更新人类的认知体系，这是教授社会责任的一种体现。

除了科研工作，何佳清把大部分时间都用在了教学上。对于教书，他有一套自己的理论，即他的"三块板"理论——突破"天花板"、不设"挡板"、补齐"短板"。

教授之职到底为何？何佳清认为，教授者，第一为教，也就是给学生上课，传播专业知识，帮学生"打牢"专业基础；第二为授，就是要指导学生开展学习实践，授人以"渔"，在指导科研的过程中培养学生的探索精神、系统技能和创新思想。

相比令人瞩目的科研成就，作为一名大学教授，他的"三块板"育人理论立体形象地展现出他对教育事业的思考和心得。

突破"天花板"，引导学生不断超越自己

对于大学学习，何佳清十分强调兴趣导向。他认为，兴趣是最好的老师，学生在大学阶段必须找到自己真正的兴趣点，才能产生持续不断的激情与克服各种困难的动力，在学术之路上不断突破自我，走得更远。

说起这个话题，何佳清饶有兴致地提及了物理系毕业生陆强声，这位2017年从南方科技大学毕业后到美国密苏里大学攻读哲学博士（PhD）学位的学生。何佳清回忆到，陆强声并不算"天分"特别高的孩子，当初是自己在陕西招生组面试的时候看中了这个学生。尽管他的高考成绩刚刚压线通过录取分数线，但他对物理非常痴迷。进入大学后，他凭借着一股子对物理知识的狂热和钻研劲儿，一头扎进了实验室，疯狂地做实验，甚至为了研究透一个问题而不惜通宵达旦。最终，平均学分绩点（GPA）不算出众的他，却在同届毕业生中脱颖而出。他以第一作者的身份在顶级期刊《物理学评论快报》（*Physical Review Letters*）上发表了论文，成为南方科技大学本科生中在这个核心刊物上发表论文的第一人。此外，他还领导过一个包括硕士研究生、博士研究生在内的小组，成功调试了南京大学购置

的一台激光角分辨光电子能谱（ARPES）仪器，受到南京大学的教授和学生的好评，显示了他卓越的科学素养和动手能力。

爱一行才能干一行，干一行就要专一行。何佳清认为，只有感兴趣、肯钻研，不断挑战自己能力的"天花板"，才能不断突破自己，取得新的进步。

不设"挡板"，培养具有发散性思维的创新型人才

何佳清认为，每一位教师都使命在肩，任务艰巨，要培养时代需要的创新人才，以教育创新与新时代同频共振。

说起创新，何佳清讲了一个段子。历史老师提问"谁打响了黄花岗起义的第一枪？"同学们都能作答，是黄兴，再问"谁打响了黄花岗起义的第二枪？"集体哑然，正确的答案是还是"黄兴"，因为他连开了3枪。听了这个段子，笔者笑了，但何佳清没有笑，他的表情非常严肃，说道："这正反映了当前教育中存在的问题。基础教育盛行灌输的模式，应试中奉行标准答案。这直接限制了学生的思维，影响了自由想象和创新的能力。再加上教育的附加值太多，功利性太强，或许'钱学森之问'的症结就在于此。我们的目标是培养大师级的学生，所以我们一直在思考和探索如何培养拔尖创新型人才。"

科学研究的强大动力，在于人的认知动机，具体而言，就是好奇心、求知欲和发散性思维。何佳清在教学中十分珍惜和尊重学生的好奇心，想方设法破除思维的限制，开拓思维的广度与深度，引导学生通过提问和互动培养发散性思维。何佳清解释道："发散性思维是测定创新能力的一项重要标志，它表现为思维视野广阔，思维呈现多维发散状，如一题多解、一事多写、一物多用等方式。我设置的考题经常是没有标准答案的，学生们可以任意发挥，只要可以自圆其说，思路越开阔，就越能拿高分。"

启发式的互动教学方式，没有标准答案的考题，让学生们的思维不设

"挡板"，无拘无束，也让他们未来的学术之路越走越宽。

补齐"短板"，关注每个学生的发展

何佳清认为，通过基于高考的"631"招生录取模式[①]，南方科技大学选拔了一批又一批基础扎实、成绩优秀的学子入学就读。总体而言，南方科技大学的学生的整体素质比较高，思维的开拓程度、学习的自觉性、实践能力和创新能力都不错。但不可否认，同学们中间确实存在一些人在某些方面有这样那样的问题，他们更需要导师的引导。

这就像木桶效应，一个水桶能装多少水取决于它最短的那块木板，如果这个桶的木板中有一块特别短或某块木板下面有破洞，这个桶就无法盛满水。教育也是同理。孔子说"有教无类"也是这个意思，教育原本就应该一视同仁，用心对待每一位学生，包括那些存在问题的学生。

何佳清带过的学生中不乏佼佼者。天才少年王嘉乐，13岁考入南方科技大学，第一年便获学校一等奖学金，在校期间即发表了学术论文，仅用3年半时间就完成了本科学习任务，提前毕业赴牛津大学攻读博士学位。阳光女孩通晓，跟着何佳清学习物理专业知识，加入导师课题组、大三时担任何佳清"先进电子显微学"课程的助教，得到了很好的科研训练，并取得了本科生难以实现的科研成果。毕业后在加州理工学院深造期间，她所表现出的具有南方科技大学特质的宽泛视野和创新素质得到了众多老师的一致认可。

"教一个好学生，需要付出很多努力。但是教一个存在一些问题的学生，却往往需要付出双倍乃至多倍的努力。有的老师对于教问题学生有畏难情绪，但是我愿意做这样的事情，这是为人师者的责任。"何佳清说道，"让一个问题学生顺利毕业，最终取得和其他同学一样的成绩，站在同样的起跑线上走出大学、走向更广阔的空间，这看起来很稀松平常。但这背

---

① 南方科技大学招生网官方显示综合评价录取模式为：高考成绩（折算成百分制）占综合成绩的60%，学校组织的能力测试成绩占30%，高中学业成绩占10%，俗称"631"招生录取模式。

后，可能只有学生本人、老师自己和家长们才知道，我们一起付出过多少努力。"

"年轻人是最有可塑性的，好好引导，必然成就可造之才。"何佳清举了一个例子。此前，他带过的一个学生，他的高考成绩非常高，是当年南方科技大学在该地区招录的考生的第一名。但是进入大学以后，他从父母的高压管控中一下脱离出来，开始放纵自己，迷上了打游戏而不能自拔，逃课、玩失踪，发短信不回，打电话不接，家长着急、老师揪心。作为他物理专业的学术导师，何佳清为这位问题学生量身打造了一套改造计划，经常和他谈心，了解他的学习与生活情况，并在科研助理旁边设置专座，每天派专人值守陪伴他，从阅读小说开始，逐渐克服游戏心瘾，进行正常的学习生活。慢慢地，他从终日沉迷游戏到每天十多个小时，到五六个小时，到一两个小时，直至最后彻底戒除游戏心瘾，开始把心思和精力用在学习上。从南方科技大学顺利毕业后，他最开始选择了就业，在社会上摸爬滚打一年后，产生了重返校园的渴望。在何佳清的指导和鼓励下，他考取了研究生，继续攻读自己喜爱的物理专业。

"从把他招到南科大，到帮他一点一点地克服心瘾，再到手把手教他怎么适应大学阶段的学习、怎么做科研，直至最后顺利毕业，现在他走上了一条理想的求学路，我看着他经历磨难，看着他成长，深知每一步其实并不容易。"何佳清说道。

学生不易，老师更不易。作为导师，何佳清对学生倾注了大量的心血和努力。除了在学业上给予专业的指导和帮助，他还特别关心这群年轻人的心理健康，甚至学会了心理辅导、换位思考、设身处地为同学们答疑解惑。何佳清认为，大学阶段除了积累知识，更需要的是学会如何做人。有了积极良好的心态，学习的问题迎刃而解，未来之路也就走得更稳。

2020年武汉暴发了新冠疫情，因疫情困在武汉的南方科技大学理学院物理系博士生徐啸取得了热电材料研究重要进展，以第一作者身份在国际一流材料化学期刊《材料化学》(*Chemistry of Materials*)上发表了论文。徐啸的老师就是何佳清。在论文发表期间，何老师对徐啸的论文修改给予了大量指导。徐啸说道："从大年初一到大年初三，我每天都电话'轰炸'何老师和几位师兄，和他们讨论论文的修改问题。他们从来没有怪我打扰他们。虽然大家当时办公都不方便，但是他们还是会耐心地指导我修改论文，尤其是何老师，回信对每一个细节都把握得非常专业。"这期间，除了科研，何佳清还非常关心徐啸在武汉的生活状况。当他得知徐啸家里缺少防护物资时，马上就寄去了一箱口罩，让徐啸非常感动。

在众多同学们的心中，何佳清不仅是科研成绩卓越的大师，更是身边亦师亦友的难得良师。

大学教师需要具备什么样的素质和能力，要用什么样的心态和方式做好科研教学？何佳清在与学生的座谈交流中说道："大学教师要做科研、做实验、做项目、发论文、申报奖项，要年年重复上课、备课、上课、备课的'死循环'，还要通过自身的学识反哺社会。同时，大学老师也是普通人，也是天下父母的一员。"教师的担当不仅体现在个人的教学科研成果上，更体现在对身边年轻教师的思想引导和对学生家国情怀的教育上。

如何成为一名优秀的大学教师？何佳清认为兴趣是最好的老师，"对未知的好奇和对科学的热爱，让我选择了以科研作为职业，乐此不疲、孜孜不倦地在岗位上工作，十年磨一剑，我收获了荣誉与认可，也收获了满足与喜悦"。

宋章启

褪半生戎装，南下鹏城做科研

宋章启，南方科技大学创新创业学院研究教授，博士生导师。生于江苏南京，2007年获国防科技大学光学工程博士学位。曾任国防科技大学海洋声学研究所党委书记、代所长，主要从事光纤信息技术和海洋探测技术相关教学和科研工作，现为深圳市地方领军人才、广东省军民融合专家、中国兵工学会光电子专业委员会委员。先后承担和参与装备预研项目6项、国家重大专项项目5项、863计划项目3项；负责光纤陀螺技术开发与技术转让横向项目8项；作为核心骨干参加型谱、演示验证项目和型号项目研究十余项。发表论文五十余篇，获得国家和军队发明专利十余件。

从农村学子到戎装在身

出生在江苏农村的宋章启，成长于一个氛围宽松的普通家庭。从小对飞机很感兴趣的他，对蓝天充满了向往。彼时，美国"阿波罗11号"已成功登月，苏联的加加林的非凡人生也成为很多懵懂少年的心之所向。宋章启也不例外。很多年以后，宋章启回忆起自己走上科研道路的初衷时表示，虽然自己并没有实现幼时开飞机、驾飞船的梦想，但正是小时候看似幼稚的"飞天梦"使自己在人生道路的关键节点选择了正确的奋斗方向。

初中毕业那年，报考志愿是在考试前完成的，农村户口的学生只有两个选择——高中或者中专。宋章启没有随大流填中专，只填写了两所高中，一所是重点高中，一所是普通高中。宋章启说道："那时候，农村孩子的最好选择就是读中专，而且只有优秀的学生才能考上。中专毕业后，国家就包分配，他们就可以参加工作了。但我想，中专毕业后只能做一些普通的工作，自己无论如何都要读高中，然后考大学。考不上重点高中就读普通高中，即便不能当飞行员，也想做一些不一样的事，学习自己感兴趣的东西。"在那个年代，这样报志愿是非常冒险的。在农村教育资源非常匮乏的情况下，如果考不上重点高中，他就只能读普通高中，而当地的普通高中已经很多年都没有培养出一个大学生了。明知山有虎，偏向虎山行。宋章启带着小时候的理想，毅然决然地做出了他的选择——考高中，一条看起来异于常人且前途未卜的道路。

很幸运，宋章启如愿考上了重点高中。进入高中后，他才发现自己是全年级唯一来自农村的孩子。高中学习进入新环境后，宋章启才发现，城里孩子的条件太好了，他们有许多自己没见过的课外资料和练习册，自己在农村只有最基础的课本和少量的辅助习题。"城乡差距还是比较大的。"宋章启说道。但低起点没有成为宋章启的障碍，凭借努力和坚持，他并未落后于人。

1992年，他考上了位于长沙的国防科技大学，学习光学工程，开始了他长达25年的军旅生涯。

谈起考军校的初衷，宋章启笑称"男孩都有热血的军人梦"。而谈起自己选择的专业，他说是兴趣使然。当时国防科技大学的热门专业是计算机，他没有追逐热点，毅然选择了自己感兴趣的物理和化学专业，最终被光学专业录取。本科毕业时，宋章启对未来仍然有些许迷茫，在短暂的留校任职辅导员期间，他发现行政工作的内容和性质与自己热爱的科研工作相去甚远。于是，他决定报考研究生，明白只有学习深造才能继续进行科学研究。这仿佛一个掌舵的水手发现了航道偏离，及时拨正方向，向正确的目标驶去。在人生的很多时刻，往往我们内心的声音就是迷途中的星光，能够把前路照亮。就这样，他一路考研、读博，渐渐向技术方向转型。

2017年，已经是国防科技大学海洋声学研究所党委书记、代所长的宋章启，迎来国家改革强军战略的深入推进。这一年，一系列改革强军的创新举措出台，一切朝着能打仗、打胜仗聚焦。国家需要一支实战能力超群的部队，因此要减少技术人才的数量。面对大刀阔斧的改革浪潮，宋章启积极响应国家号召，主动选择转业，放弃军人身份，离开了部队。

回忆起当时的选择，宋章启表示，一方面是为了响应国家的号召，另一方面也因为自己的成长道路一直伴随着国家改革开放的进程，对改革浪潮感到心驰神往。

"改革开放初期，我才七八岁，酷爱钓鱼。改革开放后鱼塘被承包了，我就没地方钓鱼了。我当时就想，要是自己能参与进来，包个鱼塘，就可以随意钓鱼了。"宋章启笑着说道。虽然是年幼时的异想天开，但"改革"两个字在他幼小的心灵里留下了深深的烙印。

1992年邓小平南方谈话后，国家迎来了第二次改革开放浪潮。当时宋章启刚入军校，崭新的部队生活刚刚在他面前铺展开来，于是他与第二次改革浪潮擦肩而过，在部队一待就是25年。2017年军队改革是第三次大改革，也是国家走向改革开放深水区的重要标志。这次的军队改革比以往都要深入，部队的体制发生了深刻的变革。这一次，宋章启赶上了。"我觉得自己这次应该把握机会，到地方去感受'两个一百年'时代变迁的大潮。"宋章启说道。客观条件充分允许，内心倾向步步指引，转业便成为顺理成章的事情了。

拥抱改革浪潮　开启科研新篇章

2018年，机缘巧合下宋章启与南方科技大学校长陈十一相识了。陈校长向宋章启抛出了橄榄枝，邀请他加入南方科技大学。想到可以到改革开放的前沿城市继续做科研，宋章启欣然应允。恰巧，国家批准深圳建设世界海洋中心城市，这与宋章启一直从事的光纤海洋信息技术研究方向非常契合。"这个事情我觉得是个很好的契机，在这边应该有很好的机遇。"宋章启说道。

谈起自己加入南方科技大学的机缘，宋章启表示自己很幸运，也很感谢陈校长的赏识。

南方科技大学作为中国高等教育改革的试验田，改革与创新是它与生俱来的基因，贯穿着它的血脉。"相对于过去的保守，我想来寻求改变，自我挑战，寻找更多的可能。以前在部队是给国家做贡献，现在在南科大做科研，同样也是为国家做贡献，一脉相承，殊途同归，都是很有意义的。"宋章启说道。

2021年5月，来自南方科技大学创新创业学院光纤海洋信息实验室的实验团队，在宋章启的带领下，前往湖南省黄材水库开展光纤水听器和新型磁传感器相关科学实验。

此次实验的主要目的是开展基于实验室自主研发的新型光纤水听器和磁传感器的性能验证和应用研究。新型光纤水听器具有探测带宽大、探测灵敏度高、抗干扰能力强和全系统成本低的优点，在水声通信、海洋哺乳动物调查和建立水下信息网方面有广泛的应用前景。

谈起自主研发器件，宋章启感慨科研路上最大的困难就是基础条件差、基础器件不足。"最初做光纤传感器，我们连基础器件都没有，只能从国外高价购买基础器件，做一些后端应用研究。国外的很多技术比我们先进，实际上是由于他们的工具多，基础器件比较完备。很多理论，其实我国科学家也是做过假设的，是想得到的，但是没有经过实验检验的东西是得不到承认的。在国外做研究其实是有这点优势的，想到的东西很快就能经过实践的检验,所以出成果比较快。现在中国发展很快,很多基础器件自己也在研制,但是基础器件的研发是一个不能中断的工作。尽管很难,但是我们不能不做,因为要想创新,一定是在新的基础器件的基础上才能开展有意义的研究。拿着国外的方法、器件、仪器,如何做出创新的东西?就算是买器件,别人也是在差不多完成相关的基础研究了,专利申请得差不多了,论文也发表了之后,才会卖给你。"宋章启解释道。

目前,宋章启的研究团队主要从事光纤传感水声探测研究,即基于光纤的海洋探测技术。

由于只有声波才可以在水下远距离有效传播,无线电波、光的传播距离都非常有限,所以使用光纤进行水下声波传导对于海洋保护与开发具有重要意义。

利用声波实现水下实时通信是智慧海洋建设的核心节点。"目前人类对海洋的认识和开发还比较粗浅。过去人们认为火星探测几乎是不可能的,核心问题就是距离太远了,载人航天无法实现,通信很困难。现在随着技术的不断发展,我们已经成功发射了'天问'号拍摄火星动态图。但是人类现在依然没有完整的海洋地图,可见水下探测的难度之大,其核心障碍就是通信问题。在海下,几米远外视线就可能受阻,声音也会散射和扰动,导致水下交流障碍,无法协同作业,严重制约水下开发。"宋章启说道。

另外,在海洋哺乳动物研究中,光纤探测技术也大有可为。"深圳大鹏湾出现的布氏鲸、珠江口的中华白海豚,如果我们提前布置了传感器,那么就可以探测它们的行动、跟踪它们的轨迹、收集它们的发音情况等。利用水下光纤探测,可以实现长期、全面、深入的调查。"宋章启说道。

宋章启领导的光纤海洋信息技术实验室致力于运用光纤的通信、传感和传能能力,开展海洋原位探测、水下通信、导航和目标探测等相关应用基础研究、关键技术开发和高端海洋仪器研制,为海洋探索与开发提供关键技术支撑,助力国家海洋强国战略和深圳世界海洋中心城市建设。能为城市和国家的建设事业贡献一份力量,宋章启很开心。

"中国科学家最大的精神特质是具有奉献精神。"谈起中国科学家精神,宋章启一言以蔽之。他表示,科学家不能只着眼于自身的成就,比如发论文、评职称,还要找到更高的站位,才能从造福社会的角度做出一些不寻常的成绩。科学研究,尤其是从无到有的原创性发现,往往不是获利的过程,而是巨大的耗损过程,需要消耗大量的资金和人力,有时甚至是无利可图的。"但是如果我们都只盯着高收入,那就很难做出好的原创科学。现在我们要选择一个课题,很重要的一个衡量标准就是有没有社会价值。"宋章启说道。

宋章启的童年梦想是开飞机、驾飞船,尽管从当时我国的科研实力来看那是遥不可及的。但正是这份模糊的向往,在人生的关键时刻总是激励着他勤勉、努力。

从宋章启的从教经验来说,他见过很多来自不同家庭的孩子,很多家长在教育过程中将"考大学"设定为孩子学习的目标。至于考上大学后做什么,并没有足够的引导。这导致很多学生在上了大学后失去了目标,学习动力明显不足。

宋章启认为,社会要形成一种共识,凝聚一股力量,帮助孩子寻找理想,培养有理想、敢做梦的孩子。哪怕他的理想未必能实现,长大以后未必从事相关的工作,但从小根植于心的小小信念,会在寻找人生方向的道路中不断给予指引。这就像是黑暗中的火炬,也像是晨光熹微时头顶的那颗启明星。

至于成功与否,宋章启经常对学生讲:"不要在意短时间内能否成功,而是专注于在实践中提升自己的能力,朝着目标不断地努力。在这个过程中遇到挫折没关系,哪怕改变自己的目标也没有关系,多年的耕耘说不定就会在意想不到的枝丫上开花结果了。时代在变,人的外部环境在变,能力也在朝着不同的方向发展,有时候只需要静待花开。"

成功的秘诀,总结起来只有一句话:一以贯之的努力、不得懈怠的人生,每天的微小积累会决定最终结果。这就是答案。

徐明华

一鼓作气，从小海岛走向大世界

徐明华，浙江岱山人。中国科学院"百人计划"入选者。1999年7月，博士毕业于中国科学院上海有机化学研究所，先后在美国弗吉尼亚大学和乔治敦大学医学研究中心从事博士后研究工作，曾任中国科学院上海药物研究所研究员、课题组组长、博士生导师，新药研究国家重点实验室研究员。2018年受邀加入南方科技大学，现任化学系和深圳格拉布斯研究院双聘教授、化学系党委书记。获深圳市国家级领军人才、广东省"珠江人才计划"领军人才称号。

主要从事有机不对称合成及手性药物方面的研究。曾获中国化学会青年化学奖（2005年），首届药明康德生命化学研究奖（2007年），中国科学院朱李月华优秀教师奖（2012年），中国科学院优秀研究生指导教师（2013年），国家杰出青年科学基金获得者（2013年），上海市优秀学术带头人（2014年），中国科学院特聘骨干研究员（2015年），深圳市国家级领军人才（2018年），广东省"珠江人才计划"领军人才（2019年），前沿有机化学亚洲核心项目讲师奖（Asian Core Program Lectureship Award），以及法国斯特拉斯堡大学邀请教授、日本九州大学访问教授、

日本北海道大学暑期项目（Hokkaido Summer Institute）邀请教授等荣誉。2014年获上海市自然科学奖一等奖，2016年获国家自然科学奖二等奖。

在平凡中不甘平凡

1993年初秋上海街头那个挑着扁担、一头皮箱一头被子、从舟山小岛来到外地求学的彷徨少年，未曾想到当初心中那个不服输的向上力量，会引领自己走向科研这条艰难又充满希望和幸福的道路。

徐明华是浙江舟山人，从小一家人生活在远离城市喧嚣的海岛上。小时候，父母对他的教育宽严并济，充分尊重。徐明华回忆起小时候的成长经历时说道："我的家庭给了我充分的自由，这也是我后来选择人生方向的重要力量。"

徐明华从小学习成绩优秀，一直是父母的骄傲。他在学业路上遇到的第一次大挫折，是1989年参加高考时没有考上自己理想的大学，被调剂到另一所学校。巨大的挫败感在他的心中蔓延，这位不服输的少年第一次遇到大的打击。还没到大学报到，内心不甘的徐明华就下定决心——一定要考研，考取一所更心仪的学校。

有着坚定的信念和明确的目标，徐明华在本科毕业时放弃了分配工作的机会。他认为自己更适合读书做科研，一鼓作气考取了华东师范大学化学专业的研究生，一步步向着更高的目标迈进。在读研期间，他出色地完成了研究生学业，并被保送到国内有机化学领域顶尖的中国科学院上海有机化学研究所继续攻读博士学位。

他回忆起自己年轻时的求学经历时感叹道："感谢挫折和困境，它们把我内心渴望改变命运的'小哪吒'招引了出来，把'我命由我不由天'的斗志激发出来。"若干年以后，他经常用自己的经历教育自己的学生，说道："困难和挫折是激励一个人前进的最好动力，勇敢面对，将来你会发现那其实是一笔珍贵的财富；碰到困难和挫折，往往意味着你还有很大的机会来改变自己，这未必不是一种幸运。"

对自己热爱的科研工作，徐明华愿意吃苦并充满耐心，尽管荆棘丛生，却始终甘之如饴。徐明华进入中国科学院上海有机化学研究所攻读博士学位时，一开始并不顺利。他的导师林国强（中国科学院院士、著名有机化学家）给他布置了一个尚未攻克的课题，他的师兄做了3年都没出什么成果。组里的师兄们得知他被布置了这个课题后都给他泼冷水"你完了"。

徐明华的内心彷徨了一阵子，畏难、怕失败的情绪屡屡浮上心头。但很快，他的不服输的劲头占了上风。他心想，早晚要面对，不如挽起袖子抓紧干。

那时候，他的导师是中国科学院上海有机化学研究所的所长，工作非常繁忙，平时和学生面对面交流的时间非常有限，做工作全靠学生自我驱动和自我管理。他每天8点多进入实验室，晚上十一二点才出来，但是做了好长时间的实验都没有结果。生活虽然很忙碌、充实，但研究上却没有大的进展，这让他感到非常苦闷和无助。他一边不停地查文献、想办法，一边不停地做实验、找突破。这是一个非常辛苦、艰难且漫长的过程。

经过不懈地努力和坚持，他终于在一个新的研究方向上取得了进展和突破，并顺利博士毕业。毕业后，导师认为这个课题被他挖掘得很好，还能继续深入，就让后来进入课题组的师弟师妹们继续进行研究。

2003年，徐明华博士后出站，从美国归来，回到中国科学院上海有机化学研究所工作。他当年的导师很信任地对他说道："这个课题是你开拓的，现在你回来了，'还'给你，你来继续领着大家做。"徐明华的内心充满着被肯定和信任的喜悦。

秉赤子心　怀家国情

1999年从中国科学院上海有机化学研究所博士毕业后，徐明华选择踏出国门。他先后在美国弗吉尼亚大学化学系和乔治敦大学医学研究中心从事博士后工作。在美国，徐明华发现周围的同行中有80%～90%都选择留下来，并在美国的公司获得了高薪工作，但徐明华有自己的打算。他的目标明确，出国只是为了深造，在世界前沿学习先进的科学技术，将来自己一定要回来报效祖国。

"自始至终我都没有打算留在美国，并不留恋在国外的生活，还是愿意回国做点事情，在这点上我太太给了我很大的支持，我心存感激。"谈到回国，徐明华没有半点纠结和犹豫，非常乐意在自己喜欢的学科领域做研究，希望通过努力为国家的建设添砖加瓦。

2005年起，徐明华在国内药物研究领域顶尖的中国科学院上海药物研究所担任研究员，开展了一系列不对称反应方法学的研究，在一些重要结构的化合物的不对称合成、新型手性配体和催化剂的设计、生物活性分子和新药研究等方面取得了多个有影响与创新性的研究成果。

凭着出色的工作成果，徐明华获得了中国科学院"百人计划"（2005年）、上海市优秀学术带头人（2014年）、国家自然科学奖二等奖（2016年）等多项荣誉。

在离开中国科学院上海药物研究所时，国内多所知名高校都向徐明华抛出了橄榄枝，开出了非常优越的条件，但他最终选择了深圳。他认为，深圳是一座不甘平凡的城市，很契合他的内心，他喜欢这座充满活力和创新的城市。同时，当地政府重视和支持基础科学研究、给科研工作者提供了良好环境，也是吸引他南下的一个重要原因。

在徐明华面积不大的办公室里，错落有致地摆放着十来盆形态各异、生机盎然的小绿植，其中有几盆是他从上海的家中移植到深圳的。身边的绿植时常能慰藉他思家的心绪。虽然人到中年在一个陌生的城市重新安家立业是一个不小的挑战，但徐明华不后悔当初的选择，"不甘平凡"是他的人生座右铭。

当前，徐明华课题组主要从事有机不对称合成及手性药物方面的研究，研究方向包括新型手性配体/催化剂的设计及不对称反应研究、生物活性分子的高效合成和小分子药物发现、基于疾病诊断的小分子荧光探针研究。

2021年4月，徐明华当选为中共南方科技大学理学院化学系第一届委员会书记。在观看完建党100周年庆典后，他表示："作为高校教师和科研人员，我将牢记初心使命，坚定报国理念和科研信念，努力工作，勇于开拓和创新，为我国的科技自立自强贡献自己的力量。"

匠心耕耘　教书育人

在徐明华看来，教书育人是反哺社会的最好方式。

2020年，在徐明华到深圳工作的第三个年头，他突然收到了一个来自上海的快递，快递里有一个教授名牌和一封手写信。教授名牌是徐明华在中国科学院上海药物研究所工作时挂在办公室门口的名牌，信件是多年前徐明华教过的一个学生写的。

徐明华离开中国科学院药物研究所后，办公室门口的牌子就被撤下来。这位学生不忍心自己崇拜的老师的名牌被丢弃，小心翼翼把它收起来，寄给徐老师留念。学生在信中提到，徐老师是他非常尊敬的一位老师，他的教学和为人，给他留下了深刻的印象，产生了很大的影响，是他学习生涯美好的回忆。他写道："您的每一面板书，透出您无限的认真与热忱，您对化学的热爱深深地感染了我。"

徐明华收到信件后非常感动和欣慰，他对这位学生的名字还有印象，但模样已经非常模糊了。

他没想到，自己当年不只在知识层面，还在精神层面给学生带来了鼓励。离开多年仍被学生怀念和记挂，这份感情弥足珍贵。

如果说做科研是改变客观世界，那么从教则是培养人。徐明华热爱和珍惜教师这份职业。他认为，当老师需要具备匠心。他在上一门课之前，总会花大量的时间不断打磨和优化课程，直到自己满意为止。在中国科学院上海药物研究所，他连续 8 年为研究生讲授"高等有机合成"课程。为了让学生更好地理解有机反应的机理，他始终坚持板书教学，获得学生的高度认同和欢迎。2012 年，徐明华获评中国科学院朱李月华优秀教师。

在南科大，他新开设了"杂环化学""立体化学和手性合成""不对称合成"等本科和研究生课程。为了把课上好，他常常备课到凌晨。在上课的过程中，他教学严谨，非常注重与学生互动，坚持全程站着讲解，敬业精神给学生留下了深刻的印象。

在南方科技大学化学系学生们的心目中，徐明华老师是一位愿意敞开心扉和学生交流、平易近人的老师。他乐于分享，鼓励学生要多交流，不仅要多跟同专业的同学交流，还要和不同学科基础的人多交流，行内人也可以跟行外人多交流，在交流中可以碰撞出新的研究观点和视角，启发自己的科研思路。

李闯创

领军科创，为医药企业打造"金钥匙"[1]

李闯创，北京大学博士，美国斯克里普斯研究所博士后，南方科技大学化学系终身教授，2012年被评为深圳市优秀教师，2013年获得深圳市自然科学奖一等奖，2014年获得广东省自然科学奖一等奖，2015年获得优秀青年科学基金，2016年入选广东省百千万工程领军人才，2016年入选科技部中青年科技创新领军人才，2017年获得中国化学会"维善"天然产物合成创造奖（原有机合成创造奖）[2]，2017年获得德国蒂墨化学期刊奖（Thieme Chemistry Journal Award）[3]奖，2017年入选国家"万人计划"领军人才。

李闯创课题组在天然药物全合成领域取得了一系列令人瞩目的学术成果，积累了丰富的经验，先后发展了若干独特的合成方法学，

---

[1] 本文部分资料来自南科大新闻网、玉林日报微报，本文编辑为李舒悦。
[2] "维善"天然产物合成创造奖：该奖项在中国科学院中科合臣化学公司负责人姜标的倡导和支持下于2000年设立，目的是促进我国有机合成化学的发展，表彰我国已故著名有机化学家周维善先生对我国有机合成化学领域的卓越贡献。又由于奖励基金由周维善奖励基金委员会提供，第六届后该奖项更名为"维善天然产物合成奖"。
[3] 该奖项由德国蒂墨出版集团（Thieme Group）设立。该集团成立于1886年，总部位于德国斯图加特，是世界领先的专注于医学、化学领域的出版社。

如首次 Type Ⅱ [5+2] 环加成反应，高效完成了 40 多个具有很大挑战性的、具有重要生理活性的复杂天然产物的全合成，其中 20 个是国际上的首例全合成，以通讯作者身份发表 50 多篇研究论文。

李闯创作为项目负责人，独立承担了 20 多项国家自然科学基金委员会、科技部、教育部等的科研项目；培养了 10 多名优秀的博士毕业生（先后到哈佛大学、芝加哥大学、美国得克萨斯大学奥斯汀分校、美国威尔康星大学等进行博士后研究工作）。

2016 年 12 月，南方科技大学化学系副教授李闯创赴京参加科技部"中青年科技创新领军人才"答辩。同时参加答辩的学者多是"长江学者奖励计划"入选者等优秀人才，此次自己能否入选，李闯创心里没底。

一个月后，经过综合考察及层层筛选，2017 年 1 月，科技部发布了 2016 年"中青年科技创新领军人才"推进计划拟入选人员公示，共有 314 名中青年科技人才入选。李闯创名列其中，成为南方科技大学首位国家"中青年科技创新领军人才"。

得知自己入选的消息，李闯创感到很开心。他表示，得到这项殊荣，确实是意外之喜，自己很幸运。

"中青年科技创新领军人才"推进计划由科技部、人力资源和社会保障部、财政部、教育部、中国科学院、中国工程院、国家自然科学基金委员会、中国科学技术协会组织实施，旨在培养和造就一批具有世界水平的科学家、高水平的科技领军人才和工程师、优秀创新团队和创业人才，为提高自主创新能力、建设创新型国家提供有力的人才支撑。其中，计划瞄准世界科技前沿和战略性新兴产业，重点培养和支持 3000 名"中青年科技创新领军人才"，使其成为引领相关行业和领域科技创新发展方向、组织完成重大科技任务的领军人才。

闯出去才有更广阔的世界

李闯创是广西壮族自治区北流市大伦镇人，原名"李广生"。他从小家境贫寒。在年纪很小的时候，他就非常渴望通过读书来改变命运。1997年，李闯创被中国农业大学录取。通过北上求学，他走出了自己的小天地，迎来了更广阔的新世界。2008年，李闯创结束了自己在美国的博士后学习生涯，返回国内，在北京大学深圳研究生院担任副教授和博士生导师。十年的时间，从高中生到博士后，李闯创一气呵成。褪去青涩，洗尽铅华，他用"教科书式"的求学经历书写了自己的逆袭人生路。

在12岁那年，李闯创迎来了人生中的第一场重要考试——小升初考试。当时的北流县初级中学面向整个县只招收6名学生。"我的考试成绩排第八名，遗憾地错失了这次机会，当时12岁的我哭了。"李闯创回忆道。

为了明心志，他将自己的名字改为"李闯创"，意喻敢闯敢创，希望自己像这个名字一样坚韧不拔、勇于拼搏。"你只有闯出去，才有可能接触更广阔的世界，眼睛才会看得更远。"李闯创回忆起自己当年独自走几公里山路上学的情景时不禁感慨道。

梅花香自苦寒来，千树万树梨花开。虽然初中未能考取北流县初级中学，但中考时李闯创考取了玉林市玉林高中。在玉林高中的三年学习，为他日后以优异的高考成绩考取中国农业大学打下了良好的基础。2001年本科毕业之际，李闯创因为成绩优秀，被免试保送到北京大学硕博连读。2006年6月，获得博士学位后，在导师杨震教授的推荐下，李闯创前往世界著名的美国加州斯克里普斯研究所进修博士后。

看似一帆风顺的求学路，却是李闯创克服千辛万苦，百折不挠奋斗而来的。李闯创说，在很多人看来，从事化学研究很无趣，但由于他对化学充满兴趣，因此面对求学路上的困难，他感到虽苦犹甜。

回国后的5年，李闯创受聘于北京大学深圳研究生院，担任博士生导师。其间，他获得了深圳市自然科学奖一等奖、深圳市"优秀教师"等奖项。

2013年，南方科技大学刚建校不久，校方正在全球范围内物色教师人选，在国内外各大网站投放招聘广告。李闯创被南方科技大学秉承的"学术自由"的思想所吸引，于是他向南方科技大学递交了申请。"南科大招聘老师，是先向系里递交申请、试讲，系里通过了再由学校教授组成的全校学术委员会讨论最终是否录用。"李闯创解释道。经过考核，李闯创如愿加入南方科技大学，又一次"人如其名"地践行了敢闯敢为先的精神。

功败垂成，只好从头再来

初入南方科技大学，科研条件很艰苦。"当时，南科大还在过渡校区办学，不具备实验室等硬件条件，所有的科研工作可以说是从零开始。"李闯创告诉记者。从事药物化学研究，实验室十分重要，然而初创时期的南方科技大学并没有这样的实验室。为了做科研，他只好跑到北京大学深圳研究生院借实验室。而正是在这个借来的实验室里，李闯创和他的课题组完成南方科技大学化学系发表在化学领域顶尖杂志《美国化学会志》(*Journal of the American Chemical Society*, JACS) 的第一篇论文。

在南方科技大学短短的5年间，李闯创不仅成为南方科技大学首位获得优秀青年科学基金的青年教授，而且也是连续3年获得国家自然科学基金项目的第一人、南方科技大学首位科技部"中青年科技创新领军人才"，并入选国家"万人计划"领军人才。

光环的背后，是长年累月的点滴努力和坚持。每天早上8点不到，他就匆匆奔进办公室，处理电子邮件，为实验做前期准备。他的两个实验室就位于办公室旁，如果实验中遇到困难，团队人员会到办公室和他进行讨论。他就这样来回于办公室和实验室之间，直到深夜才离开。

对此，李闯创始终乐此不疲。"跟着李老师学习，我们都不好意思偷懒，李老师常常晚上十点多还在实验室忙碌，这让我们也充满了干劲。"

李闯创的博士后刘君羊说道。从研究生起,"把周六当作工作日"就成为了李闯创的习惯,十几年如一日。

加入南方科技大学化学系以来,李闯创致力于复杂活性天然产物的全合成研究,围绕有机合成化学中的基础性科学问题,探索和发展原创性的方法,来进行复杂活性天然产物分子的全合成。天然产物的全合成,挑战性大,周期长,是在分子水平上科学与艺术凝练融合的一门精确科学,也是衡量一个国家合成化学综合实力的主要标志。

天然产物是创新药物的最佳来源,它直接作为药物,如紫杉醇、青蒿素等,已经拯救了无数人的生命。但是,具有重要生理活性的天然产物的含量往往很低,又难以分离,很难满足需要。

因此,全合成成为获取或者修饰天然产物的重要途径,对药学、生物学、医学和材料科学等相关学科的发展都起到巨大的推动作用。

但复杂活性天然产物分子的全合成是一个极富挑战的领域。"活性甾体天然产物(Cyclocitrinol)是在 2000 年被分离出来的,由于它独特的结构特点及潜在的重要生理活性,Cyclocitrinol 家族天然产物成了明星分子,吸引了众多国际著名合成化学家的研究兴趣。"李闯创说道。

2015 年,李闯创和他的课题组开始挑战这个世界级的难题。经过 3 年的艰苦探索,李闯创课题组就利用首次发现的 Type II [5+2] 环加成反应作为关键反应,在国际上首次完成活性甾体天然产物全合成。该成果在线发表在《美国化学会志》上。

李闯创团队完成全合成的活性甾体天然产物在修复神经退化上功效显著,全合成为进一步开发药物奠定了物质基础。

而在完成活性甾体天然产物全合成前,李闯创团队却经历了无数次的失败。"就好像我们登山一样,山上没有路,你只能一级一级往上爬。有时候,你爬了九十九级阶梯,最后一步迈不过去,还是只能选择从头再来。"李闯创说道。

如今,李闯创课题组以生物活性天然产物合成为中心,以药物研发为导向,充分发展和应用现代有机合成新策略与新技术,来快速、高效及多样性地合成与修饰天然产物库，从中发现新的药物分子或先导化合物。截至 2017 年，李闯创课题组已完成了 40 多例具有重要生理活性的、挑战性较大的天然产物的首次全合成，并且发展了原创方法学，能够实现对同家族或同骨架的天然产物全合成。

2021 年 2 月，李闯创团队在国际知名化学期刊《美国化学会志》发表论文，报道了具有罕见高张力的、合成难度大的复杂天然产物 4β-acetoxyprobotryane-9β,15α-diol 的首次全合成。该研究还实现了化学上的两个首次：首次利用铑催化的不对称 [4+2] 环加成反应于天然产物合成中；首次通过独特的 benzilic acid-type 重排反应，举重若轻地实现高张力反式 [5-5] 并环的简便合成。李闯创称这个科研成果是献给南方科技大学建校十周年的。

感谢南科大对学术自由的包容

李闯创对课题组有很深厚的感情，他的电脑桌面就是课题组成员笑容灿烂的大合影。一说起李闯创，实验室的学生们都打开了话匣子。"李老师是一位会帮我们查文献的导师。"博士研究生刘鑫笑着说道。为了能实时掌握研究进度，李闯创要求学生们每周都写一份研究总结。研究总结交上去没两天，学生们就会分别收到李闯创发来的最新研究文献，为今后的科研提供思路。

"化学研究压力大、周期长，但是李老师人很和气，不会给我们过多的科研压力，这点让我特别感激。"博士后赵雄说道。李闯创课题组吸引人才的关键，除了已经取得的各项成就外，自由、和谐的科研氛围也是一大因素。

当初加入南方科技大学，李闯创是被南方科技大学的"学术自由"理念所吸引的。后来，李闯创课题组不断取得的学术成就也源自"学术自由"这四个字。

李闯创表示，南方科技大学充满无限可能，在南方科技大学有机遇也有挑战，但更多的是对学术自由的包容。"南科大给教授的科研启动资金十分诱人。"李闯创说道，"2013年我刚来时，南科大没有硕士研究生和博士研究生，只能从外面雇博士后进入实验室工作，每人年薪20万~30万元。而我的项目启动经费是600万元，相当于我原来经费的两倍。"充足的项目资金为科研的成功提供了基础保障。

为了鼓励科研，南方科技大学实行"独立PI"制度：教授不分头衔大小，只要在教学科研序列，都可以拥有独立的实验室和科研启动经费，组建独立课题组，独立申请项目经费。

除此之外，南方科技大学本科学生的科研能力也让李闯创感到欣喜。从大二下学期开始，南方科技大学的学生就拥有自由出入实验室的权利，可以跟随导师做科研，并有机会在国外期刊发表论文。因此，部分本科生的实验能力已经与研究生不相上下。

"学术自由"带来的思想碰撞常常产生意想不到的火花。仅在李闯创课题组，就有4名博士后获得国家自然科学基金青年科学基金。"这说明南科大天然产物全合成研究课题组得到了充分的肯定。"李闯创说道。

如今，南方科技大学的教授组建了微信群，大家经常在群里分享各种科研新闻。最近李闯创发现，南方科技大学越来越多的科研成果发表在《自然》《科学》等顶尖杂志上，群里的教授们也形成一种你追我赶的氛围。在老师和学生的共同努力下，2018年，南方科技大学入选博士学位授予单位及硕士学位授予单位，"建校7年就拿下博士点，说明南科大的发展十分迅猛"。李闯创很高兴自己对此也有贡献，说道："能成为创校先批人员，这对我来说意义非凡。"

未来，李闯创希望他的科研工作能够不断在"发现新药"上有所突破，为老百姓的健康"保驾护航"。

卢周广

匠心耕耘，为下一代点亮指路明灯[①]

卢周广，广西北流人。2001年本科毕业于中南大学化学化工学院，2004年和2009年分别获得中南大学和香港城市大学的硕士和博士学位。现任南方科技大学材料科学与工程系教授、英国皇家化学学会会士、深圳市鹏城学者、深圳市氢能重点实验室副主任，主要从事能源材料电化学反应中间体演化机理研究。先后培养博士生和硕士生30多名。2012年迄今在《自然·通讯》和《美国化学会志》等知名刊物发表SCI论文160多篇，h指数为53。先后获得省部级科技奖5项，主持国家自然科学基金等省部级科研项目9项，目前担任《纳米研究》（Nano Research）青年编委和《稀有金属》等杂志编委，中国储能与动力电池及其材料专业委员会副秘书长。

[①] 本文部分信息来自玉林新闻网-玉林日报，记者为邹江，本文编辑为李舒悦。

脚踏实地勤治学

卢周广是一名农家子弟,家庭贫困,直到1997年高考上大学才踏出家乡。此前从小学到高中,他都在本地求学,是小地方成长起来的学子。

1997年,卢周广考上中南大学。在大学期间,他由于学习成绩优异而被提前保送本校攻读硕士研究生。在研一那年,他又被选送到清华大学攻读中南大学和清华大学联合培养硕士。2008年,正在香港城市大学攻读博士学位的卢周广,获得美国政府富布赖特奖金,赴纽约州立大学石溪分校化学系学习。2010年,他进入香港理工大学机械工程系任博士后研究员。2012年,卢周广来到深圳,加入南方科技大学,担任材料系副教授。如今,卢周广是南方科技大学材料科学与工程系教授、英国皇家化学学会会士、深圳市鹏城学者、深圳市氢能重点实验室副主任。

看到这些看似被光环环绕的求学和工作经历,很多人会认为卢周广一定自小就是学霸级的人物。然而,现实的情况是:卢周广确实学习勤奋,成绩也比较优秀,但并不突出,从初中到高中一贯如此。而他的家庭更没有对他提供强大的物质支持,因为他的父母都是普通农民,以务农为主,收入低,家庭负担重。

他今天取得的成就,很多人都有些想不到。没有任何背景的农家子弟,从小没有接触高新科技的机会和环境,对新材料、新能源没有任何概念,化学成绩并不突出,没有丝毫显山露水的地方,却偏偏在科研的道路上屡创佳绩。

2018年10月,卢周广当选为英国皇家化学学会会士。

英国皇家化学学会(Royal Society of Chemistry,RSC)成立于1841年,是世界上历史最悠久的化学学术团体之一,也是最有影响力的国际权威学术机构之一。学会每年会在国际范围内遴选在化学科学研究领域取得杰出成就、对推动化学学科发展做出卓越贡献的科学家,并选为会士。

卢周广的主要研究方向是纳米结构电极材料的设计、合成及其在能量储存与转化中的应用。研究重点是锂、钠离子电池,金属空气电池新型电极材料，固态电解质材料的合成及电化学反应机理，微纳米化学电源器件的组装和应用，另外还有固体废弃物的循环回收及其在制备新能源材料中的应用研究。这些都是国家重点发展的战略性、前沿性和前瞻性高科技。新材料也是国家重点扶持的八大项目之一。

卢周广现在在实验室主攻能源材料，研究领域与未来能源材料密切相关，主要是电池材料、纳米材料、锂空电池、钠空电池。他曾说过，他的梦想就是做出能量密度很高的电池材料，如新一代金属空气电池，待机时间是当前锂电池的十倍乃至上百倍；另外，是做出新型的和现在的设备兼容的柔性薄电池。

近年来，他脚踏实地、稳扎稳打，正一步步地实现自己的梦想。

2016年11月，卢周广课题组在英国自然出版集团旗下期刊《自然·通讯》在线发表学术论文，提出了通过自由基稳定化提升有机聚合物电极材料的新概念，具有重要的理论指导意义和产业化应用前景。

2018年2月，卢周广课题组在能源电催化材料领域取得系列突破，相关成果相继发表在材料领域权威期刊《物理化学杂志快报》（*The Journal of Physical Chemistry Letters*）和纳米材料领域旗舰期刊《小》（*Small*）（在线发表）。这项研究为设计新一代价廉高效空气电池用电催化材料提供了新思路。

2019年6月，卢周广课题组在有机电极材料的电化学充放电反应机理研究中取得了重要进展，相关成果在化学领域顶尖期刊《美国化学会志》在线发表。这项研究为调控有机自由基电极材料的反应活性和稳定性提供了新的思路，为优化有机电极材料的性能提供了重要参考。

2019年10月，卢周广教授课题组提出了通过缺陷诱导选择性表面掺杂提升钠离子电池负极材料倍率性能的新策略，相关成果在纳米材料领域顶尖期刊美国化学学会《ACS纳米》（*American Chemical Society Nano*，ACS Nano）在线发表。这项研究为解决钠离子在TiO_2电极材料中扩散缓慢且电子电导率低，导致材料电极倍率性能差，严重制约商业化应用的难题，提供了新的解决方案。

2012年迄今，卢周广以南方科技大学为单位在国际一流学术期刊发表SCI论文100多篇，在国内外重要学术会议做特邀报告20多次。申请和授权国家发明专利十多项，主持或承担国家和省市科研项目十多项。

卢周广取得的成就不是偶然，与他所具有的一些难能可贵的品质密不可分。从学生时代到参加工作，卢周广二十多年如一日地坚持勤奋学习。万丈高楼平地起，千年古树幼苗成。他在中学阶段打下牢固的基础，在大学阶段勤于思考，发掘自己的学习兴趣，工作后始终紧跟世界科技前沿，又专注于自己的研究领域，坚持初心，不改初衷。

默默耕耘做园丁

2016年，环太平洋地区电化学和固态科学会议（Pacific Rim Meeting on Electrochemical and Solid-State Science，PRiME 2016）在美国夏威夷檀香山市举行，来自世界各国的4000多名专家学者参会。

四年一度的PRiME会议在学术界和工业界都享有盛誉，是世界公认的电化学和固态科学领域最高水平国际学术会议，旨在推动环太平洋地区一流研究者、科学家、工程师交流讨论电化学及固态科学领域的最新研究成果。

卢周广课题组成员南博、石杨、余思岑、吴东、张德慧、施昊宏六位本科生参会，并受邀做口头报告和海报展示。与会有关专家学者盛赞了这几位本科生的科研水平。

南方科技大学作为国内一所新型研究型大学，本科生即可进入老师开设的课题组已不是个例。卢周广招学生进课题组有三个要求。

第一，要有激情，出身低一点、成绩差一点、基础弱一点没关系，激情是他看重的第一要素。他说道："做科研要本着对自然科学的热爱为出发点，要真正从自身的兴趣出发。"

第二，要能坚持，找到兴趣所在，有了目标和方向，还要持之以恒地努力，不轻言放弃。

第三，要实事求是、脚踏实地，来不得半点虚假。

这三点不仅是卢周广对学生的要求，也是他从事科研工作以来一以贯之的原则。

对于培养学生，卢周广的心态很平和。用他的八个字概括来说就是：不问收获，只管耕耘。从教十年来，卢教授始终对学生关怀备至、将知识倾囊相授。春雨不言，静待花开，他说这是作为老师最好的心态。

卢周广是南方科技大学的师生公认的"最暖教授"之一。大家评论道："卢老师是咱材料系最慷慨的导师，烧烤、自助、火锅、海鲜大餐都是毫不吝啬，请你吃到扶墙出门！福利简直好得没谁了！""印象最深的一件事就是大一的时候没有赶上火车，兜里揣着33块钱在火车站迎着风泪流满面地发了一条'说说'，结果卢大大半个小时之内联系了我并帮忙买好了飞机票，至今一想起来就热泪盈眶呀！""上他的课，在课上会延伸一些人生道理讲给我们听！"……然而，如果课题组的学生没有做好本分工作，他的"画风"就突变了，成了严师，说话"简单、直接、严厉"。

2016年的南方科技大学毕业典礼，是南方科技大学去筹转正[①]后第一届毕业生的毕业典礼。卢周广是吴思思、霍一峰、万弋、张丽华、罗耀聪五位毕业生的导师。退场时，他的欢喜之情溢于言表。他激动地说道："看着陈校长给他们授予学位的时候，我真的很骄傲，特别激动。和他们度过的四年，我很开心，希望他们将来继续扎扎实实地学习、工作，开开心心地走未来的路。"

对于大学教育，卢周广认为大学不仅要注重科研，哪怕对南方科技大学这样一所研究型大学来说，教学仍然是学校工作的重中之重。在南方科技大学，每位老师，包括院士，都要亲自给本科生上课。很多报考南方科技大学的学生也正是看中这一点，才选择来到这所创校不久的年轻大学。

---

① 2010年12月，教育部向广东省人民政府下发《教育部关于同意筹建南方科技大学的通知》，同意筹建南方科技大学，学校代码为14325，筹建期为三年。2012年4月16日，教育部发文同意建立南方科技大学。这个建校经历俗称"去筹转正"。

卢周广说道："国家要实现独立自强，最主要的力量是人才，本科教育对于培养人才至关重要。"

新时代的大学生，也要格外重视本科阶段的学习。卢教授说道："你们身处最好的时代，拥有最好的学习条件，不曾经历我辈对于'饿肚子'的担忧，只要打好学习基础，从兴趣出发，追随内心，不盲目跟风，会独立思考，一定能找到自己独特的人生价值，为祖国的建设和发展贡献自己的力量。"

谆谆教导拨迷航

2018年卢周广当选为英国皇家化学学会会士后，关于他的事迹报道大量见于家乡玉林的各家媒体上，一时之间成为许多学校班会、校会励志的教材。玉林的很多学生分外佩服这位科学家，有的还给卢周广教授写信或读后感表达敬佩之意，并述说自己成长的困惑，希望得到他的指导。

记者将这些信转交给卢周广。卢周广收到家乡学子的来信非常高兴。尽管工作繁忙，他却诚恳地说道："你尽量帮我提供每个孩子的电子邮箱，我要保证每个孩子都能亲自收到我的回信。"他果真说到做到，尽管回信很慢，但是他只要有空，就会细看，然后抽时间根据每个学生的特点回信。对每封信，卢周广都花了不少心思，一一回答孩子们的种种疑问，如弱点如何解决、如何应对人生中的困难等。

一位孩子提到自己在学习中总是三心二意，抵不住诱惑，不能集中精神学习。卢周广回信道："很荣幸关于我的报道能引起你的共鸣。学习确实要脚踏实地，坚持不懈。其实学习是一个苦行僧修行的过程，就看谁能坚持到最后取得真经。许多人都是三分钟热度，目标很伟大，但具体到学习中就耐不住寂寞、耐不住身边许多肤浅的快乐的诱惑了，大多迷失在半路上；只要坚持不懈、以苦为乐，一点一滴地学好、学扎实了，总有一天能到达成功的彼岸。"

孩子们最关心的是自己如何成才，卢周广一一给了他们回答。他说道:"人生是个长跑运动,跑得早和跑得快肯定不如跑得远。持之以恒的努力比智商和家庭背景重要多啦!我自己很喜欢历史。纵观历史,你会发现,古今中外,聪明的人太多了,但最后取得重大成就的往往是一些智力平平的人。成功的人,各有各的精彩,但都有一个共同点,那就是'坚持'二字。"

对人生价值观的取舍,卢周广也有精彩的阐述。他说道:"成功的路有许多条,有些人靠父母、靠亲友,有些人靠天才,但更多的人是靠自己的不懈努力。而且,往往取得重大成就的人,都是靠自己一点一滴的努力得来的,也只有靠自己努力取得的成功才值得骄傲呀!"

卢教授的回信"俘获"了许多孩子的心,更成为他们人生的指路明灯。

作为在祖国的培养下成长起来的新一代青年科学家,卢周广认为中国科学家最宝贵的精神是勤奋、能吃苦。这是中华民族的优良传统,也是中国人民最宝贵的品质。中国科学家的精神,肩负着实现中华民族伟大复兴的宏伟理想,也承载着中国人民长久以来最质朴的愿望——丰衣足食、独立自强。

下篇
创业路：山河辽阔旭日升

科学发展日新月异，一代代青年人才接续奋斗。在深圳这片厚植创新基因的热土上，处处都是"聚天下英才而用之"的生动场景。本篇介绍的科学家们在青春赛道上奋勇争先、建功立业，是党和国家事业发展的重要力量。

朱英杰

消除成瘾记忆，推动毒品戒断

朱英杰，博士，研究员。2013年于中国科学院神经科学研究所获博士学位，后赴美国斯坦福大学从事博士后研究，2017年全职加入中国科学院深圳先进技术研究院脑认知与脑疾病研究所（简称深圳先进院脑所）担任研究员。在国际上率先揭示了阿片类药物戒断症状产生的神经环路机制，为药物依赖患者带来了全新的治疗策略，以第一作者身份在国际权威期刊《自然》上发表该成果；发现丘脑在评估信息重要性及学习记忆中的重要作用，以第一作者身份在《科学》上发表该成果。以项目负责人（PI）身份独立主持美国国家精神分裂症与抑郁症研究联盟（NARSAD）项目，主持国家自然科学基金优秀青年科学基金项目、面上项目，深圳市科技创新委杰出青年等多个项目，科技创新2030"脑科学与类脑研究"重大项目课题负责人。

推动毒品戒断，设法改变思维

人脑包含了上千亿个神经细胞，我们能做出吃饭睡觉的动作、能感受到喜悦或恐惧，都是信息在大脑神经细胞中传递的结果。多巴胺是其中负责传递快乐信息的神经递质。感官接收到使人愉快的信息后，由多巴胺负责传递给大脑，我们才会感到快乐。

当然，大脑并没有那么容易被取悦。

假设大脑里有一个计数器，多巴胺每传递一次"快乐信息"，计数器就会默默加一，只有当计数器累加超过一定数值后，大脑才会有快乐感。这个数值就叫作"阈值"。吸毒成瘾的人，这个计数器的阈值异常高。吸毒后，由于毒品会释放大量的"快乐信息"，大脑计数器中的数值会不断暴涨，阈值标准就被拉得很高。同时，多巴胺分泌越来越少，后果便是人再也感觉不到普通的快乐了，只能感受到吸毒带来的快乐。可是越吸毒，阈值就越高，多巴胺的分泌就越少，只能靠反复吸毒来延续快乐。这就是成瘾。

更可怕的是，在长期服用毒品后猛然停药，身体会产生强烈的戒断反应，具体表现为恶心、呕吐、抑郁、焦虑。

戒断反应是怎么产生的呢？受哪个脑区控制？在很长一段时间内，世界各地的脑科学研究者们一直在探索其中的奥秘。

2014年，在美国斯坦福大学从事博士后研究的朱英杰博士在实验中发现，在给实验小鼠食用阿片[①]类药物后，出现戒断症状的小鼠的脑中有一条神经通路似乎被激活了。这条通路叫丘脑室旁核（PVT）到伏隔核（NAc）的谷氨酸能神经通路。

怀着激动的心情，朱英杰仔细地做了一番学术搜索，发现关于戒断反应和这条神经通路之间的关系还没有相关论文发表。也就是说，在科学界，这可能是一个新发现。

---

① 阿片是能让人产生戒断症状的依赖性药物中流行最广、危害最大的一种。

更多的问题涌现在朱英杰的脑海中。这条神经通路属不属于决定戒断症状的脑区？其中的机制又是什么？朱英杰开始了更加漫长的实验之路。利用光遗传等手段，他开始对阿片类药物成瘾后戒断反应的神经环路机制问题展开攻关。

他先在小白鼠的脑内注射了一种外源基因。这种基因所编码的蛋白能够使神经细胞对不同颜色的光的刺激做出敏感反应，然后在脑内植入一根光纤，用光来控制神经细胞的活动。通俗地说就是，他在小白鼠的脑内植入了一个可以光控的"刹车"，然后通过控制外部光来控制丘脑室旁核到伏隔核这条通路是否被激活。

此外，有戒断反应的小鼠的神经通路上的突触强度明显增强。突触是神经元之间信息传递的关键部位，光遗传学手段可以人为逆转突触强度增加，也就抑制了戒断反应。朱英杰的研究证明丘脑室旁核投射到伏隔核的神经环路在戒断反应中起了关键作用。

2016年，朱英杰这项研究工作的成果发表在国际顶级学术期刊《自然》上。作为这一领域中里程碑式的发现，这项成果的发表引发了一定的关注。这一研究成果填补了戒断反应神经环路机制研究的空白，为临床医疗提供了很好的切入点。

由于光遗传学手段需要进行开颅手术以植入光纤，目前仍只是用在动物身上的实验手段。在明确了阿片类药物戒断反应作用的脑区之后，朱英杰希望能找到其他无创的方式，如超声、磁场、电场刺激等，作用在目标脑区，以达到戒毒目的。

2017年，朱英杰归国加入深圳先进院脑所，继续潜心研究大脑神经环路在消除成瘾记忆方面的作用。

消除成瘾记忆，发现神经通路新功能

2019年3月，深圳又一"诺奖实验室"——深圳内尔神经可塑性实验室在中国科学院深圳先进技术研究院（简称深圳先进院）正式授牌成立。这是诺贝尔生理学或医学奖获得者厄温·内尔（Erwin Neher）在中国设立的唯一的科研实验室，也是深圳先进院在脑科学领域国际合作上的一项重要推进成果，是将深圳市布局的"脑解析与脑模拟重大基础设施"和"深港脑科学创新研究院"建设成为国际创新资源汇聚焦点的重要进展之一。

朱英杰出任深圳先进院内尔神经可塑性实验室执行主任，在诺奖得主厄温·内尔的带领下，汇聚一众脑科学青年科研人员，开展脑科学领域的原创性研究，破译大脑奥秘，推动脑科学发展。

在回国后的研究中，朱英杰团队联合美国斯坦福大学的陈晓科团队针对阿片类药物成瘾发现了两条神经通路的全新功能，分别调控成瘾记忆的形成和维持，还通过抑制其中一条通路成功消除了小鼠成瘾的关联记忆，阻止了复吸行为的发生。这一成果在 2020 年 7 月发表于神经生物学著名学术期刊《神经元》（Neuron）上。

朱英杰说道："有别于学习、认知等常见类型的记忆，毒瘾在人脑内会形成持久、顽固、环境关联性极强的记忆。戒毒后一旦回到过往的环境或接触毒友，这种关联性记忆极易被唤醒，从而再次触发毒瘾，造成复吸。我的工作就是发现大脑相关神经环路，并通过人为干预，让患者不仅能在短期内成功戒毒，而且能够长时间地完全摆脱对毒品的依赖。"

这个研究成果对于其他顽固记忆和深度记忆（恐惧记忆、创伤后应激障碍等）也有借鉴意义。朱英杰博士表示，团队计划在五年内将深圳内尔神经可塑性实验室打造成国内领先，在国际上具有一定影响力的神经可塑性和药物成瘾研究机构，助力中国禁毒、戒毒工作。

探索神秘脑区，破译选择机制

"科研的魅力或许就是在原本的研究中衍生出令人意想不到的现象。"朱英杰说道。他在药物成瘾机制的研究中，不仅发现了丘脑室旁核在毒品戒断方面起到重要作用，而且发现它还控制着人类的其他行为。此前，丘脑室旁核被认为与焦虑、恐惧、抑郁等负面情感有关。朱英杰团队经过进一步研究发现了该"神秘脑区"与判断信息重要性的关系。

人类大脑每天会做无数个决定，大到求学、择业、婚恋，小到选择食物、进行购物、娱乐消遣，我们无时无刻不在做选择。大脑如何做出这些选择？大脑要先对与选择相关的信息的重要程度进行评估，再"计算"出选择。

2018年，朱英杰团队与美国斯坦福大学的陈晓科团队合作，发现了大脑中动态评估这些信息的重要机制。

在实验中，研究团队首先训练小鼠进行嗅觉巴甫洛夫条件性学习，将不同的气味刺激和奖赏或惩罚联系起来，发现大脑中部的丘脑室旁核神经元能够被重要的事件激活，无论是奖赏或惩罚都能激活丘脑室旁核神经元。

既然丘脑室旁核能够动态反映外部刺激，那么如果逆向抑制丘脑室旁核脑区，结果会怎样呢？在研究中，朱英杰团队设想了一个场景，小鼠每天到冰箱前都能发现一块奶酪，一段时间后，它会习惯这种奖赏。但是，当有一天小鼠到冰箱前却没有看到奶酪时，它的"心理失落感"就会激活丘脑室旁核。

朱英杰团队在实验中发现，如果利用光遗传技术人为抑制小鼠丘脑室旁核的活性，那么小鼠将减弱失落感，其消退学习的过程则会变得更慢。通过开展多层次实验论证，朱英杰及其团队创新性地提出了"丘脑室旁核动态编码事件重要性"的概念，并提出了该脑区能控制学习能力的观点。这也是科研人员首次发现在丘脑中存在选择机制的神经元。

这项研究成果于2018年10月顺利登上《科学》，并获得了审稿人的高度评价。一位审稿人表示："朱英杰等人进行了一系列非常漂亮的实验，这些卓越且激动人心的实验结果证明了丘脑室旁核在'显著性'（重要性）控制联想学习效果上的重要作用。在这篇优秀的论文中，实验设计得非常严谨、科学，结果和展示都非常清楚。让读者在对这一神秘脑区功能的理解上迈出了重要的一步。"

朱英杰表示，"判断信息的重要性是一个高级的大脑功能，它能够帮助人们更好地适应多变的环境，也控制着人们的注意力和学习能力。这一发现为人们未来研究如何提高大脑的认知和学习能力奠定了重要基础，对普通人群和脑疾病患者的认知与治疗均具有突破性意义。"

那么在大数据时代，人们如何从海量信息中寻找重要的有效信息呢？在一万张人脸中，如何通过一个生物学特征快速、准确地识别出你想要找的那个人？这需要寻找到其背后的生物学原理。因此，研究大脑如何动态评估外界信息的重要性、生物学显著性的内在机制，对于未来发展类脑智能、增强脑机融合、推动人工智能技术的跨越发展具有重要意义。

耐得住寂寞，以实验室为家

谈及科研中必不可少的精神，朱英杰认为是"耐得住寂寞"。在朱英杰的科研生涯中，一天在实验室待上十几个小时是常态，与他相伴的只有各种实验设备，实验室几乎成了他的第二个家。"不仅是我，我的学生们也都耐得住寂寞，即便是周末，他们也经常在实验室度过。"在朱英杰的印象中，实验室似乎无时无刻不在忙碌。

当然，另一种"寂寞"来自研究的不确定性。"按照科学规律来说，很多研究并不会立即产生价值。"朱英杰的博士研究生说道。虽然有意思、有意义、有价值是研究的初衷与目的，但科研终究是漫长的，并不是每项研究都能获得重大发现。

即使研究最终有所突破，过程也并不总是一帆风顺。

在活动的动物身体上进行多通道电生理记录，对朱英杰来说是一项崭新的挑战，因此遇到了很多技术上的困难。比如，小鼠运动时带来过大电噪声的问题。为了解决这个问题，他积极地跑到其他实验室虚心求教，自己制作电极、进行电镀、调整参考电极和地线，花了一两个月的时间才解决了这个技术难题。而且，由于他们最开始选择的是光纤记录技术，虽然也能看到类似的现象，但由于该技术无法达到单细胞分辨率，不够细致，因此他们额外花了半年时间用分辨率更高的电生理记录技术再次验证了这一现象。

严谨的科研精神给朱英杰带来了丰厚的回报，他的研究成果接连获得国际权威科研期刊的青睐，在世界脑科学界崭露头角。

如今的朱英杰在脑科学的探索上继续稳步推进，作为深圳内尔神经可塑性实验室的执行主任和深圳市药物成瘾重点实验室主任，他在研究之余也肩负起团队建设的工作。同时，他还成为2019年国家自然科学基金优秀青年科学基金获得者。

虽然工作繁忙，但是朱英杰却乐此不疲。兴趣是耐住寂寞、守得云开的最佳前提。"意识产生于大脑，脑科学是我的兴趣，恰好我又拥有这方面的专业背景，这是我的大脑愿意去做的事情。"朱英杰说道。

彭 琴

自由探索，为生命健康保驾护航[①]

彭琴，生命信息与生物医药广东省实验室（简称深圳湾实验室）系统与物理生物学研究所特聘研究员。2015年博士毕业于重庆大学，其间在美国伊利诺伊大学厄巴纳-香槟分校-美国加利福尼亚大学圣迭戈分校联合培养（2012~2015年）；后继续在美国伊利诺伊大学厄巴纳-香槟分校从事博士后及助理项目科学家研究工作（2015~2020年），导师为钱煦教授[②]和王英晓教授[③]。发表论文20余篇，其中第一、并列第一及通讯作者论文发表在《美国科学院院报》、《细胞化学生物学》（Cell Chemical Biology）、《固体与材料科学新论》（Current Opinion in Solid State & Materials Science）、《分子生物学杂志》（Journal of Molecular Biology）等期刊。

[①] 本文来自深圳湾实验室，作者为王筝、周雯瑾。
[②] 钱煦（Shu Chien）：中国科学院外籍院士，美国华裔生物学家，美国国家科学院院士、美国国家工程院院士、美国国家医学院院士、美国艺术与科学院院士，是目前世界上唯一集全美四大院士身份于一身的华人。
[③] 王英晓（Peter Yingxiao Wang）：美国加利福尼亚大学圣迭戈分校生物工程系教授，研究方向包括分子工程、荧光共振能量转移（FRET）、活细胞成像、基因和细胞改造工程。

彭琴主要从事染色质活细胞成像及基因表达调控机制的研究，开发与肿瘤等疾病相关的表观遗传修饰引起的发病机制、诊断检测和治疗的成像工具，结合深圳湾实验室多学科交叉的优势，从肿瘤的表观遗传调控机理和治疗等方面共同推进研究工作。

初心不改，笃行致远

"知止而后有定，定而后能静，静而后能安，安而后能虑，虑而后能得"，是彭琴在求学与工作中自始至终遵循的准则。2006年，她进入重庆大学2006级生物工程专业就读。那一届是该专业有且仅有的一届本硕博八年连读学制。选择蓬勃发展的生命科学，且坚定不渝地读到博士才罢休，是她的目标与初心。

从大三开始，彭琴有幸加入了公认在学术上高标准严要求的王远亮教授课题组。她回忆道："那些初入科研道路时的风雨与彩虹，总是在我一次次主动敲开王老师办公室那扇门之后得到更加深入的领悟与思考。"在学习中，她始终牢记王老师的十二字教诲——"自觉、自省、自悟、自立、自胜、自强"。经过刻苦钻研，她开发了一种能有效模拟成骨细胞在体应变规律的新型力学加载模型系统，且基于此模型阐释了应变、力生长因子（mechano growth factor，MGF）和增殖之间的相关性，以及力刺激下成骨细胞MGF受体的核定位特征。该工作被评为重庆大学优秀毕业设计。那时的她并未想到自己会远赴海外开启一段对自己学术生涯影响深远的求学之旅。

潜心投入，坚定选择

长期的刻苦积累和"意外"收获的幸运，使得彭琴在导师的支持下入选国家留学基金管理委员会联合培养博士项目，并于2012年进入美国伊利诺伊大学厄巴纳-香槟分校的王英晓教授课题组[①]深入开展博士课题研究，通过整合前沿成像技术来考察生物力学和力学生物学分子调控机制。

"王英晓教授对科学的激情、敏锐与执着深深地感染了我，不管是厄巴纳-香槟的寒冬白雪，还是圣迭戈的阳光沙滩，让我日夜沉浸其中的都是显微镜中五彩缤纷的荧光世界。"彭琴感慨地说道。

2012～2015年，彭琴的博士研究工作主要是开发了新的组蛋白H3K9me3和H3S10ph荧光共振能量转移（Fluorescence resonance energy transfer, FRET）生物传感器，首次在同一个活细胞中实时监测到两种组蛋白修饰的精细互作过程，并巧妙地运用工程算法和分子动力学分析，建立了两种组蛋白修饰动态互作的精准数学模型，阐明了在有丝分裂开始时H3S10ph对H3K9me3去甲基化和染色质正确重塑的调控机制。这个研究结果有助于人们更加深入地理解生命体中染色质结构与基因功能之间的互作及动力学和能量调控。除此之外，她还开发了一种基于定向进化技术（directed evolution）的高通量筛选方法，采用酵母表面的表达系统来筛选对组蛋白甲基化和乙酰化具有高特异性和高亲和力的单体（H3K4me3、H3K79me2、H3K9ac等），并将其应用于更多FRET生物传感器的构建。该通用平台不仅可以检测活细胞内各种组蛋白修饰，而且可以作为分子动力学和分子作用力研究的新策略与新手段。

2015～2017年，博士毕业后的彭琴继续在加利福尼亚大学圣迭戈分校王英晓教授和钱煦教授的指导下开展博士后研究工作，并于2017年晋升为助理项目科学家，主要的研究课题是耦合基因编辑与荧光标记技术实时检测特定基因位点上的组蛋白修饰，并基于该光-力可视化分子动力学来研究染色质液-液相分离（liquid-liquid phase separation, LLPS）与基因转录过程的时空关系，进一步揭示了基因表达和细胞功能的调控关系，阐释了生理病理奥秘。

异国他乡求学工作的八年，是彭琴的一笔宝贵的人生财富。王英晓

---

① 2013年转入加利福尼亚大学圣迭戈分校。

教授对科学的激情、敏锐与执着深深地感染着她。她有幸一次又一次地亲耳聆听钱煦先生的教诲，无论何时何地都不忘钱先生"全心热爱（compassion）、决心投入（commitment）、用心理解（comprehension）、精心创新（creativity）、同心合作（cooperation）、推心沟通（communication）、尽心完成（consummation）"的"7C准则"并努力践行，让她一步步坚定了自己的方向和目标。

回归祖国，全心热爱

2020年9月30日，彭琴加入了充满创新活力的深圳湾实验室，主要研究方向是基于FRET探针的染色质活细胞成像及基因表达调控机制的研究。

越来越多的研究表明，在肿瘤和心脑血管病等重大疾病发生的过程中，基因表达异常是细胞增殖、细胞命运转变等过程的共性基础科学问题。基因表达调控主要受染色质结构改变和基因启动子区域的表观修饰调控。

而彭琴多年来一直从事细胞分子、细胞工程、活细胞影像、合成生物学及生物力学等技术的开发工作，以及它们对表观遗传学修饰的检测及其应用，并长期投入四维单分子单细胞的表观遗传修饰成像工具开发，已经构建了表观遗传学修饰FRET成像和筛选的新方法，使它的精确度全面提升；已经成功构建多个表观遗传学单个活细胞检测的探针，在构建FRET的各种类型探针及酵母与哺乳动物筛选方面有非常高的造诣，在SCI学术顶级期刊（如《美国科学院院报》《细胞化学生物学》等）上发表了多篇论文。

彭琴的未来目标是，结合深圳湾实验室多学科交叉融合的优势，开发表观遗传修饰的诊疗成像工具，以重大问题为导向，阐明肿瘤等重大疾病的力学-生物学微环境变化规律及致病机制，从表观遗传调控机理和诊疗等方面共同推进研究工作。她坚信，在深圳湾实验德高望重的实力派前辈引导之下，在自由探索与联合攻关相结合的发展策略之上，依赖于切实以科学家为中心的科研管理和服务体系，自己定能不断开拓创新，做出国际一流的科研成果，为全方位、全周期生命健康保障宏图做贡献。

对探索生命科学真谛的信念与坚持，贯穿着彭琴多年来的求学与科研之路。无论是远赴大洋彼岸、执着追寻的八年，还是坚定归国之路、锐意进取的当下，她始终怀揣儿时对科学未知的好奇，沉浸于科学探索之中。通过探寻基因环境改变对于基因表达乃至细胞功能的影响，彭琴希望她的研究可以为重大疾病的临床诊断和治疗提供新思路与新靶点。如她所说，科学家最重要的责任是"科技兴国，造福于民"。

在我国科技创新的伟大征程中，许多女性科技工作者在重大科学技术和前沿领域发挥着越来越重要的作用。在浩瀚无垠的宇宙深处，闪耀着人类智慧的群星，其中最温柔的那几颗化作了实验台前的微光，闪耀着科技前进的方向，她们执着努力、不屈不挠，她们美丽自信、温柔坚韧，她们是智慧甘霖孕育下的种子，是科学热土中傲然盛开的花朵，是为中国建设科技强国努力奉献的巾帼力量。

王丛知

立足超声学，打开融合创新大门[①]

王丛知，博士，博士生导师，国家高性能医疗器械创新中心研究员。深圳市高层次专业人才。2011年，于香港理工大学获得博士学位；2020年，加入国家高性能医疗器械创新中心。主要研究领域包括超声弹性成像、超声压缩感知成像、超声经颅多点动态聚焦方法、超声内镜成像等。主持国家自然科学基金面上项目2项、国家重点研发计划"数字诊疗装备"重点专项子课题1项。近年来，共发表SCI论文20余篇，其他期刊和会议论文10余篇；申请中国发明专利及PCT专利30余项（已授权10余项）。2015年，获得广东省科学技术奖技术发明类一等奖；2017年，作为参与人获得国家技术发明奖二等奖。

[①] 本文作者为小钜（原名杨柳），原文引自微信公众号"钜弘文化"。

他的本科和硕士研究生阶段就读于清华大学。获得硕士学位后，他工作了两年，之后到香港理工大学攻读博士学位。2012年，他加入中国科学院深圳先进技术研究院生物医学与健康工程研究所（简称先进院医工所）开始了科研生涯，先后主持了国家自然科学基金面上项目和国家重点研发计划"数字诊疗装备"重点专项子课题。2020年，他又加入深圳首个国家级制造业创新中心——国家高性能医疗器械创新中心，开始致力于科技成果的转化工作。

这位学者名叫王丛知。回顾自己的成长历程，他总结道："面对人生关键时刻的选择，我也曾彷徨过，但最后还是走上了科研这条路，我知道自己终于找到了最适合自己的生活方式。"

年轻时的彷徨

王丛知2003年硕士毕业后，迫不及待地走上了工作岗位。"一直在校园里读书，读了十多年，所以硕士毕业后就很想参加工作，当时进入了一家医疗器械公司做研发工程师。"王丛知回忆道。

企业里的工作并不像他想象的那么简单，这里不仅有复杂的人际关系，还有很多无奈之处。比如，他看到了产品可以改进的地方，可是企业内部有自己的产品规划，不会听从他的意见来深入改进产品，让他产生了深深的无力感。

2006年，王丛知选择去香港理工大学攻读博士学位。根据导师的安排，一开始，他参与了远程医疗项目的研发，为香港地区的独居老人定制远程监护系统，通过可穿戴设备监测人体的各种重要生理指标。"我们当时设想用超声从体外无创地连续监测血压变化，也做出了原型机，但后来发现可靠性的问题难以从技术上解决。于是，博士读到一半的时候，我需要换一个课题。"王丛知说道。王丛知必须重新寻找一个更有学术价值的方向进行深入研究。这一次，他选择了国际上方兴未艾的超声弹性成像方向。

由于中途更换课题，他攻读博士学位花了 4 年时间，这对于一贯自我要求严格的他来说，算是走了一段小小的弯路。在香港理工大学就读期间，他接触了国际通行的一整套学术研究体系，并在自己的学习和研究工作中逐渐掌握了如何寻找科研问题、如何制定解决问题的方案、如何发表学术论文等从事科研工作的方法。"有挫折，但更多的是收获，是一段难忘的经历。"他总结道。

聆听来自临床的需求

2012 年 4 月，王丛知加入先进院医工所，担任助理研究员。加入团队后，他的研究特长得到很好的发挥，继续从事超声弹性成像方向的工作，但工作的重点除了继续改进算法、建立自主知识产权的技术体系之外，还进一步拓展到跟产业界和医院的沟通，让该技术在肝硬化和乳腺肿瘤的早期诊断中实现了应用。

在项目推进过程中，王丛知特别关注了来自临床一线的声音。"超声弹性成像技术可以实现对肝硬化的早期检测，用无创方法代替了大部分之前需要肝穿刺才能完成的检测，得到了临床医生的青睐。但医生很快发现，检测深度与位置的选择，会对弹性测量的准确性和可靠性产生较大影响。可由于医生缺少对成像原理和算法的了解，因此难以解释清楚这些因素的作用机制。我当时就觉得，这个问题提得非常好，我们可以取长补短地进行研究。"王丛知介绍道。后来由中山大学附属第三医院超声科的医生团队负责收集临床数据，自己的团队负责数据的分析和解释，最后他们在国际上较早地提出了剪切波弹性成像应用于肝脏时的一个测量深度和位置的选取标准。该成果引起了学术界和医学界的广泛关注，后来被欧洲放射学会的临床指南引用。

王丛知说，搞科研的首要工作就是发现实际问题，之后才是提出合理假设，设计方案验证假设，并最终尝试解决问题。离开了临床需求，往往不知道最重要的问题出在哪里，最终有可能舍本逐末，发展成为了研究而研究，为了文章而文章，脱离实际，做出一堆产业界和医生都不关心的成果。因此，医工方向的科研人员必须要学会聆听临床医生和产业界的声音，找到实际问题是做好科研工作的关键一步。

打开融合创新的大门

2015年10月，王丛知所在的团队在国际上率先开展了革新性的超声无创深脑神经调控技术与仪器研制工作，获得国家自然科学基金重大科研仪器项目的支持。该项目是广东省和深圳市首次牵头承担"国家重大科研仪器设备研制专项"。他介绍道："我主要负责超声经颅聚焦方法的研究，超声波在穿过颅骨的过程中，能量会衰减90%以上，波形也会发生畸变，要在穿颅后使超声能够聚焦在指定位置并保证焦点尺寸足够小，是一个很大的挑战。为了解决这个难题，我们和超声换能器领域的专家、从美国南加利福尼亚大学归国的马腾博士合作，利用直角放置的千阵元大规模平面阵列换能器和差频发射技术，最终实现了3毫米×3毫米×3毫米穿颅焦点的产生。这个研究过程，让我认识到融合创新的魅力，也为我拓宽了未来的研究领域。"

有了这次成功合作的经历，王丛知又与马腾博士团队开展了更多合作。他们首次在环形阵列超声内镜换能器上实现了帧频可达每秒数千帧的超声超快成像技术，并在此基础上进一步将剪切波弹性成像、超分辨血管成像等国际前沿的功能成像方法成功移植到环阵超声内镜上。部分成果已经发表在医学成像领域的国际顶级期刊《医学影像汇刊》（*IEEE Transactions on Medical Imaging*，IEEE TMI）上，并将与企业合作进行产品转化。

2020年，王丛知加入国家高性能医疗器械创新中心。国家高性能医疗器械创新中心于2020年4月获工业和信息化部批复建设，是深圳首个国家级制造业创新中心，也是国家在医疗器械领域设立的唯一的创新中心。国家高性能医疗器械创新中心围绕与医疗健康密切相关的预防、诊断、治疗、康复领域的高端医疗设备的重大需求，致力于突破行业发展的共性关键核心技术，完成技术开发、转移扩散到首次商业化应用的各个环节，打造贯穿创新链、产业链和资金链的高性能医疗器械产业创新生态。

在这个创新、创业、产业融合的开放创新平台上，他继续开展着多项融合创新工作，在超声弹性成像、超声压缩感知成像、超声经颅多点动态聚焦方法、超声内镜成像的领域中开展研究工作，并乐在其中。

正如斯蒂芬·茨威格（Stefan Zweig）曾在《人类群星闪耀时》中所写到的：一个人生命中最大的幸运，莫过于在他的人生中途，即在他年富力强的时候，发现了自己一生的使命。王丛知正是在自己年富力强的时候找到了所热爱的研究方向。他对新加入先进院的院友们最想说的一句话是："科研工作需要耐得住寂寞，因此千万不要着急，也不要彷徨，只要踏踏实实地做好每一步工作，相信总有一天能水到渠成，结出丰硕的果实。"

唐圆圆

全心热爱，为环境科学挥洒青春

唐圆圆，香港大学博士，现任南方科技大学环境科学与工程学院副教授，研究方向集中于固体废物污染防控及资源化、典型固体废物环境影响等方面。曾主持国家自然科学基金面上项目和青年科学基金项目、广东省杰出青年、深圳市基础研究重点项目和自由探索项目，参与科技部重点研发计划等科研课题。截至2021年，以第一通讯作者在环境领域高水平期刊《环境科技》(*Environmental Science & Technology*)、《水研究》(*Water Research*) 等发表SCI论文50余篇。申请专利十余件，其中有2件实现了技术转移。担任SCI期刊《环境地球化学与健康》(*Environmental Geochemistry and Health*) 副主编及《废物管理与研究》(*Waste Management and Research*) 编委。

发起并承办"第一届粤港两地环境材料学术交流会"。担任深圳市水污染治理攻坚决战青年先锋队队长；担任多个国际和国内学术大会分会场主席及专业委员会成员。获广东省环境科学学会生态环境青年科技优秀奖、深圳市教育工作先进个人"优秀班主任"、香港工程师学会青年工程师/研究员优秀论文奖、"深圳市海外高层次人才"、深圳市2020年度市科技进步奖一等奖（排名第五）、校"年度青年教授奖"、"优秀教学奖"、"优秀青年科研奖"、"优秀书院导师"等多项荣誉。

唐圆圆于 2004 年获中国海洋大学学士学位，2007 年获得北京大学硕士学位，2008 年入读香港大学攻读博士学位。2012 年 9 月毕业后，她在课题组从事博士后研究工作，直至 2014 年 9 月入职南方科技大学。无论是求学还是求职，唐圆圆的经历都可谓一帆风顺。

高中毕业时，对自然科学有浓厚兴趣的她，选择了环境科学作为自己的大学专业。她坚信"涸泽而渔，焚林而猎"的故事是在警醒人类要保护环境。十几年来，唐圆圆深耕环境领域，致力于保护地球的事业，坚持不懈地为应对环境变化的挑战寻找具有创新性和智能化的解决方案。

固体废物中的污染物和可用成分共存，污染物的控制和可用成分的资源化是固体废物处置过程中需要重点考虑的两个方面，也是社会经济可持续发展的关键。同时，随着人们对塑料污染这一环境热点的关注，塑料垃圾在环境中的形态转化及环境影响也成为生态环境领域的重点问题。因此，如何通过结构可控性转化达到污染物去除或稳定化，与之同时实现可用成分协同转化及资源化，同时又时刻关注新兴固废的环境影响，成为目前固体废物研究的重点与难点，也成为唐圆圆主要开展研究工作的领域。一直以来，唐圆圆带领课题组围绕固体废物污染防控及资源化、典型固体废物环境影响开展了深入的研究，陆续发表了一系列研究成果。尤其是近期，她的课题组围绕塑料环境污染主题，在《环境科技》、《水研究》、《环境科学与技术评论》(Critical Reviews in Environmental Science and Technology) 及《资源、保护与回收》(Resources, Conservation & Recycling) 等环境领域高水平期刊上发表多篇文章，内容涉及粤港澳大湾区塑料污染问题、废塑料环境健康危害、新冠疫情导致的塑料医疗废物问题、微塑料与其他污染物的相互作用关系等方面。

谈起工作初期，唐圆圆坦言当时是困难重重的。她来到南方科技大学时，是校内从事环境领域研究的第一人。当时学校不仅没有实验室等硬件设施，而且不具备招收硕士研究生及博士研究生的资格，更没有同行或前辈可以进行探讨、咨询或请教。因此，第一次独立从事研究工作，唐圆圆花了很长的时间用来不断调整，摸索前行。直至2017年她获得国家自然科学基金青年科学基金项目前后，唐圆圆的科研道路才渐渐开阔起来，逐渐取得了一系列进展和成果。

尽管科研道路充满艰辛，但科研对于唐圆圆来说是充满快乐的。探索未知是个不断满足和开发自己好奇心的过程，这个过程中的点滴进步会带来巨大的喜悦和成就感。对事业的热爱和笃定是克服一切困难的基石。

因为父亲曾是中学校长，受他教书育人精神的感染，唐圆圆对教师这个伟大职业心生向往。但对于学生，她从来不把自己放在"高人一等"的位置上，认为自己不是"指挥员"，充其量只是一个"领头羊"。"教学"是"教"与"学"双向赋能的过程。在共同探究的过程中，教师也在不断地学习和成长，不断从导师的角度调整优化，也从学生的角度共情与思考。

2018年是唐圆圆深受鼓舞的一年。在这一年，她同时获得了三项校级荣誉——优秀教学奖、优秀青年科研奖、优秀书院导师奖。2020年，唐圆圆荣获"深圳市优秀班主任"称号。迈出校门，唐圆圆获得了更大范围的认可与嘉奖。这无疑是对她教学工作的莫大肯定，但她始终保持清醒，认为自己在教学方面的资历尚浅，仍然需要不断学习，在实践中调整和精进。

除了教师、科技工作者的身份，唐圆圆还是两个孩子的母亲。为了不缺席孩子的成长，虽然平时工作很忙，但她坚持每天下班全身心陪伴孩子3个小时。晚上9点以后，她会返回办公室或实验室，工作至凌晨。这对唐圆圆来说是常态，也是个自然而然的选择。作为女性，家庭和孩子势必会带来一些精力上的牵扯，但对于内心强大的人来说，并不存在两难的选择，平衡的艺术在生活和工作中体现得淋漓尽致。孩子的依赖和家庭的温暖，是内心力量的源泉，是幸福生活必不可少的元素。

在中国科技腾飞的今天，各个科学领域涌现出越来越多的女性科技工作者。她们娴静淡雅，气质与才华并存，在长久以来由男性主导的科研领域脱颖而出，渐渐占据半壁江山，是"巾帼不让须眉"的完美诠释。她们在努力工作的同时或多或少还需要兼顾家庭，需要履行母亲与妻子的责任与义务，与男性相比，意味着更多的努力和付出。

据统计，如今女性科技工作者的人数占据中国科研人员总数的30%。

唐圆圆说自己见过很多为了家庭选择对事业有所牺牲的女性。对此，她说道："不管大环境如何严峻，女性处于任何行业，都不要先入为主地将自己限定在一个框里，也不要自认为是弱势群体。"她认为，在追求梦想的道路上，只要遵循内心的选择，铆足劲头，性别从来不是阻力。

中国人自古以来就具有勤奋刻苦的基因，中国科学家更是坚守科技报国的伟大使命，十年磨一剑，不以追求个人名利为目的，踏实、刻苦、实事求是，为国家的繁荣昌盛做出了巨大贡献。唐圆圆认为，勤奋是中国人民的优良传统，但科学更需要开放的心态和创新精神，只有这样才能"想人之所未想，见人之所未见"。只有消除对外国的技术依赖，形成完整的内循环，才能实现真正的科技自强。

新时代的到来，给年轻人提供了更多的选择和机遇，同时冗余繁杂的大量信息也会带来前所未有的干扰和误导。唐圆圆老师鼓励年轻人培养独立思考的能力，向内挖掘个人兴趣，外向探索多种可能。"也许你感兴趣的某些行业看起来前景未明，也很难有丰厚的报酬，但人生的价值往往无法只通过金钱与地位去衡量。真正的热爱，哪怕是付诸一个最平凡的事业，也有产生巨大能量的可能。"唐圆圆说道。

唐圆圆的故事是中国当代女青年科学家们的缩影，集中展现了新时代女性科技工作者巾帼不让须眉的绰约风姿。

黄 恺

BT 与 IT 融合，探寻生命的语法[①]

黄恺，深圳湾实验室系统与物理生物学研究所特聘研究员、课题组组长。2009 年，他本科毕业于清华大学工程物理系，2015 年取得美国威斯康星大学麦迪逊分校材料学博士学位，之后在美国西北大学生物医学工程系完成博士后学习。此前的研究领域包括材料表面的液体输运理论、疏水作用的模拟仿真、软材料及生物材料的统计热力学模型、细胞核孔的分子理论、染色质结构模型等。发表论文十余篇，以第一作者在《自然·通讯》《美国化学会志》《科学进展》(*Science Advances*)、《生物物理杂志》(*Biophysical Journal*)、《物理评论 E》(*Physical Review E*) 等期刊发表论文。提出的染色质三维结构模型受到美国国立卫生研究院院长弗朗西斯·柯林斯（Francis Collins）的特别关注。

[①] 本文来自深圳湾实验室，作者为王筝、周雯瑾。题目中的 BT 是生物技术（bio-technology）的缩写，IT 是信息技术（information technology）的缩写。

人类基因组由大约 30 亿个碱基对组成，分布在细胞核的 23 对染色体中。生命的全部奥秘就蕴藏在这直径为几微米的细胞核中。解开基因的密码，人类就有希望在重大疾病的预防、诊断和治疗方式上取得质的突破。路漫漫，道阻且长，黄恺决定以"BT+IT"跨学科交叉融合的创新手段，以敢于探索挑战难题的勇气，以专注基础研究的恒心和毅力，努力破译这部"生命天书"字里行间的意义。

作为科学界的后起之秀，黄恺从小品学兼优。2005 年，他考入国内最高学府之———清华大学。在校期间，他曾获优秀学生奖学金。在这里，他开始学习物理学，为后续材料科学及生物医学的学习和研究打下了基础。

和许多天之骄子一样，黄恺在大学毕业后选择了出国深造，去世界最顶尖的科研平台学习最超前的理论和最先进的技术。从开始就读博士研究生到博士后出站，黄恺在国外一待就是近十年。最美好的十年青春，他在知识的海洋里徜徉；最壮丽的人生画卷，也将在科学世界里铺就。

选择深圳湾　扎根基础研究

2019 年，回国的契机来临。这一年，黄恺赴瑞士参加国际会议，其间巧遇了一位国内相关领域的学术专家，就黄恺正在进行的研究项目畅谈了许久。在谈话的尾声，对方诚挚地邀约黄恺加入一所在深圳刚成立的全新科研机构。这是黄恺第一次了解到生命信息与生物医药广东省实验室（简称深圳湾实验室）。这位老师极高的专业水准和真挚的诚意深深鼓舞并打动了他。虽然他当时还在国外的高校做博士后研究工作，但已坚定了回国发展的决心。

事后黄恺说道："事实证明，我做出了一个正确的选择。"首先，深圳有优良的生态环境，整个城市年轻、节奏快、有活力，也有更好的创新环境，粤港澳大湾区蓬勃发展、动能无限。深圳湾实验室成立仅短短两年多的时间，已经初步建立起较完善的生命学科体系，同时给了年轻人广阔的自由度和发展空间。实验室在支持技术转化的同时也非常注重基础科研，这在深圳是很少见的，也是非常难得的。

"掌握基础科研的主动性，对我们国家意义巨大。基础科研是整个科技大厦的地基，也是创新的源头。大家平时看到很多科学技术上的突破都像是一个瞬间的爆发，但是这个爆发的背后是需要长期持续稳定投入的。"黄恺说道。黄恺称赞深圳湾实验室为大健康领域的基础科研提供了大力支持，也鼓励不同学科背景的专家进行思维碰撞，推动学科交叉融合，集中力量去攻克一些大的科学难题。"深圳湾实验室提供了一个学校和企业都无法提供的创新科研环境和模式，这也是最吸引我的地方。"黄恺说道。

BT 与 IT 融合　服务国家重大需求

黄恺在本科、研究生、博士后在读期间侧重于不同领域的学术研究。在清华大学读本科的时候，他学习工程物理学，出国深造致力于材料科学，博士后研究是在生物医学工程系，现在的研究领域主要是计算生物物理和仿生材料设计。黄恺对科学研究有极高的悟性和天分，在不同领域的科学探索中游刃有余。"回过头看，可以简单地说是从研究原子核变成了研究细胞核。"他总结道。不同领域的学术训练让他对科研有了更全面的认识，也为日后的跨学科研究工作奠定了基础。

现在，黄恺所在的深圳湾实验室系统与物理生物学研究所（简称系物所）的一个主要特色就是 BT 与 IT 相结合的交叉学科研究模式。"我们所的目标是希望站在系统生物学的层面去理解实验大数据背后的基本物理规律，为药物研发、临床诊断和治疗提供理论指导。"黄恺说道。

谈起现阶段的工作，黄恺坦言很忙碌也很满足。"我们所有几位在生物计算领域非常著名的学者。作为这个领域的年轻人，我很庆幸可以加入系物所的大家庭，和这些我敬佩的科学家成为同事，近距离地向他们学习。"深圳湾实验室系统与物理生物学研究所最近承担的一个重大科研项目是计算生物化学软件的开发。在这个领域，我国还缺乏自主研发的软件，常用的软件都来自欧美地区。特别是，美国在这方面的成果还获得了 2013 年的诺贝尔奖。黄恺和他的前辈及同事希望能做出自己的软件平台来缩短和发达国家的差距，解决生物计算软件"卡脖子"的问题，真正拥有我们自己的技术。

破译"有字天书" 探寻生命的语法

目前，黄恺课题组将聚焦于生物学、物理学、材料科学的交叉领域，针对生命科学的重要难题开发新的理论与计算方法，为疾病的诊断治疗和药物研发提供新的思路；课题组将致力于生物大分子复合物的理论研究，围绕染色质折叠、无序蛋白组装等系统生物学前沿问题进行多尺度的建模，并与人工智能大数据分析对接。同时，课题组将基于生物体系的启发设计新型智能高分子材料，并探索机器学习的新算法。

课题组的重点研究方向是所谓的染色质折叠问题，或者是人类脱氧核糖核酸（DNA）分子的三维结构问题。一般来讲，分子的尺度很小，直径只有几纳米。而我们的遗传物质 DNA 是一个很长的分子，大约有两米那么长。这么长的分子要被折叠到直径只有几微米的细胞核里，本身就是一件非常不可思议的事情。更重要的是，这个折叠的结果，也就是基因组的三维物理结构，在很大程度上决定了每个细胞的命运。

我们每个人的身体是由几十万亿个细胞组成的，每个细胞的遗传信息（或者说 DNA 编码序列）都是一样的。事实上，这个作为人类生命蓝本的编码信息早在 21 世纪初就被整体破译了，这就是著名的"人类基因组计划"。但是从某种意义上说，我们的遗传编码还是一本"有字天书"，也就是说这本书里的每个字我们都认识，但是合起来并不知道它表达了什么意思。我们对这个生命蓝本的理解还处于非常初级的阶段。换句话说，我们对生命这门语言的语法研究得还不够清楚。

根据目前的科研进展，我们知道了这套语法和 DNA 分子在三维空间中的折叠方式密切相关。因此，黄恺及其团队希望利用大型计算机去破解遗传物质的三维结构。而一旦我们理解了遗传物质在三维空间中的折叠原理，就有希望最终战胜癌症，也有可能构造出全新的人工生命体系。探寻生命的奥秘，惠及人类健康。

孙大陟

心怀家国，用科技力量支援抗疫一线

孙大陟，2002年和2005年分别获得清华大学化学工程专业本科和硕士学位。2009年获美国得克萨斯农工大学高分子技术中心材料科学与工程博士学位。2009~2012年在美国布鲁克海文国家实验室功能纳米中心从事博士后研究工作。2012年12月起，在南方科技大学全职工作，任材料科学与工程系副教授。已发表论文50余篇，撰写2个专业书籍的章节，申请国内外专利40余件，其中授权专利20余件。课题组与10余家公司有横向项目合作，科研成果孵化新材料科技公司2个，获得各类创新创业比赛奖项30余个。2020年，荣获"深圳市先进教育工作者"称号。2020年，孙大陟团队自主研发出用于抗击新冠疫情的医用护目镜防雾消毒湿巾，并无偿捐赠给抗疫一线。

用科技力量支援抗疫一线

2020年初，新冠疫情暴发，抗疫一线对医用防护服、护目镜等防护用品的需求量飙升。但护目镜长时间佩戴后会引发镜面起雾，现有的防雾方法持久性较差，不能保证防雾效果，还有些防雾试剂可能存在刺激性及涂抹后无法再进行二次消毒的问题。同时，由于病毒具有高度传染性，也为了节省物资，频繁更换和擦拭基本不可能，大大影响、降低了医护人员的工作效率。

春节期间还在家乡过节的孙大陟得知这一情况后，立即从老家东北赶回深圳，向上级申请重启因疫情而暂时关闭的实验室，决定要攻克这个技术难题。他带领团队不眠不休，积极改良研究方案，克服种种困难，垫付资金15万元用于研发产品的制作，仅用3天时间就研制出适用于医用护目镜的防雾消毒湿巾——只需用湿巾轻轻擦拭护目镜内侧，就既能保证护目镜长时间佩戴不起雾，又可以无毒无害无刺激，并对护目镜起到清洁消毒的作用。

事实上，早在一年多前，孙大陟就关注到这类湿巾在市场上还是空白。此前，孙大陟团队专注于汽车玻璃的防雾产品研发。这为此次护目镜防雾产品的研发积累了深厚的技术基础。

第一批产品生产出来后，团队立即捐赠给深圳市新冠疫情防控的主战场——深圳市第三人民医院，获得一线医护人员的一致好评。随后，孙大陟团队结合抗疫一线的实际需求，又在湿巾产品的基础上研发出喷剂产品。在深圳市委市政府的部署下，市卫生健康委员会和坪山区委区政府协调相关企业帮助产品快速量产，仅用7天的时间就完成了60万片防雾湿巾及2万瓶防雾喷剂的生产，并于2月26日送往武汉各大医院，支援抗疫最前线。据估计，孙大陟团队自主研发并无偿捐赠给抗疫一线的防雾产品总价值高达150万元。

只用一张湿巾，仅简单擦拭，是怎么做到防止护目镜起雾的呢？起雾现象的产生，是由于水蒸气在镜片等表面遇冷液化形成了小水滴，让光线产生散射，造成视线模糊不清的情况。孙大陟团队此次研发的防雾消毒湿巾，特别引入此前团队自主研发的安全无毒的纳米亲水材料，提升了湿巾擦拭护目镜的去雾效果和防雾持久性。用研发的湿巾擦拭后，能在镜片等表面形成一层持久的透明亲水保护膜。这层保护膜会降低水滴的表面张力，使小水滴形成水膜，大大降低了光线被散射的可能性，从而消除雾气。擦拭后可保证至少 24 小时的防雾效果，有效保证了医护人员长时间的工作效率，减轻长时间佩戴护目镜的不适度。

同时，团队在湿巾中用 75% 的酒精作为溶剂，将自主研发的高效防雾配方成分合理地分散在其中，对细菌病毒的有机结构有极强的破坏作用，使之可以有效灭活病毒、细菌等。产品通过 SGS[①] 安全测试，证实无毒、无刺激性。

孙大陟表示："疫情当前，一线医护人员遇到不便和困难让人忧心。作为科研人，能用科技力量抗击疫情，让科技成果服务社会，我们感到自豪又荣幸。"

孙大陟团队研发的防雾新材料是由深圳南科新材科技有限公司和孙大陟课题组的学生创业团队共同紧急研发赶制的。

深圳南科新材科技有限公司是由孙大陟和南方科技大学首届本科毕业生张至联合发起成立的，致力于新材料技术开发、转化与产业化运作。公司荣获 2018 年全国大众创业万众创新活动周"中国颠覆性创新奖 Top 50"、2019 年中国产学研合作创新成果优秀奖。同时，公司积极开展学生创业团队的培养与支持工作。学生创业团队以孙大陟为技术指导，南方科技大学在读研究生章晨涛为主要负责人，所研发的超疏水/亲水材料项目获 2017 年"深创杯"全国大学生创新创业大赛优秀创新项目奖，2018 年粤港澳大湾区大学生创业大赛优胜奖，2018 年深圳"逐梦杯"大学生创新创业大赛优胜奖。

---

① SGS（Société Générale de surveillance S.A.）：全球领先的检验、鉴定、测试和认证机构，是全球公认的质量和诚信基准。SGS 公司是全球鉴定、测试和认证服务的领导者和创新者，创建于 1878 年，总部在瑞士日内瓦。

谈起与孙大陟老师的合作，张至充满敬佩与感激。张至说道："孙大陟教授最初是我的专业导师。在他的指导下，我一开始做一些与润滑油添加剂相关的研究。当和孙教授谈及它的实际应用价值并想将其产业化时，我得知博士毕业于美国得克萨斯农工大学的他有很多产业化的经验，而且他也有将研究成果产业化的想法。于是，我们一拍即合。孙教授也从我的导师变成了我的合作伙伴，一直持续到现在。无论是作为我的导师，还是作为我的合作伙伴，孙教授都给予了我充分的尊重、自由和信任，同时也给了我很多的机会与支持。他会把论文打印出来，和我一起探讨，对我提出的一些'幼稚'的想法，都会耐心地回答。合作的时候，他给予我最大的信任，让我可以从容自信地去打理公司。"

凭赤诚之心火线入党

孙大陟出生于1978年，当时恰逢国家改革开放起步。他是鞍钢工人的子弟，身为党员的父母给了他深刻的影响。他从清华大学毕业后一路求学辗转，在美国一待就是7年多，但一直心系祖国，一心想要回国发展，为祖国的建设添砖加瓦。

深圳是孙大陟海外留学回国的第一站，也是唯一的一站。2012年，结束在美国布鲁克海文国家实验室功能纳米中心的博士后研究工作后，这位北方汉子跨越太平洋，来到深圳。

"作为北方人，我对这座南方滨海城市感到新奇。"孙大陟笑言对深圳是一见钟情，"深圳城市环境优美，经济发展和产业也非常好，特别有活力，创新创业氛围很好。我要加盟的又是一所新学校，充满想象空间。"

成长于党员之家，孙大陟在大学期间就有了入党的计划。"过去的经历让我对我们的国家、我们的党有着深厚的感情，新冠疫情的暴发，让我对党和国家有了更加深刻的认识，深受触动。"孙大陟说道。2012年回国后，由于科研压力繁重，他一心扑在科研工作上。直到2019年底，他才向党组织提交了入党申请书，并于2020年3月因研发产品助力抗疫成果斐然而获批火线入党。在疫情防控一线浴火淬炼，是践行初心使命、体现责任担当的试金石和磨刀石。孙大陟说道："这是人生中最幸福的时刻，在我国疫情防控形势持续向好的当下成为一名共产党员，更是人生中最光荣的时刻。"

与此同时，他和团队的研发之路并未停止。截至目前，团队已研发出十几款满足多个应用场合所需的医用、安保等防雾产品。在助力科学抗疫的路上不断前行的孙大陟对未来还有更长远的打算。"如今深圳正处在产业转型升级的时刻，希望我做的科研不只是停留在实验室，而是让科研成果能够进行产业化，解决实际问题，特别是解决现在国家提出的核心关键材料和技术难题。希望我们的产品不但能实现民用产品的应用，更希望能用于高科技领域，实现高性能材料应用的国产化。"孙大陟说道。

孙大陟坦言，在高分子材料工程方面，深圳乃至珠三角都是国内产值最高的地区，但与美国大工业城市区（如休斯敦地区等）相比还有一定的差距，尤其是国内的材料产品相对低端。

"让低端的材料制造变成高质量的科技产品！"初到深圳，孙大陟给自己立下了一个目标。如今，经过前期从无到有的艰难积淀，孙大陟带领团队在高质量的高分子材料产品研发方面成绩斐然，并积极促成了科技成果的产业化转移。

这次的疫情对孙大陟的科研思路触发颇大。他说，科研一定要立足于解决问题，从这个目标出发，高校、科研院所要加强与企业的沟通交流和合作，促进解决方案的实际落地。

深圳经济特区已经成立四十多年了，深圳地区经济腾飞，发展为有相当影响力的国际化城市，创造了举世瞩目的"深圳速度"，这一系列成就离不开深圳科技工作者的努力。孙大陟说，深圳科技工作者具有执着、勤奋、刻苦、创新等共同特质。正是这些特质，让深圳顺利实现了城市转型，成为国务院定位的全国经济中心城市、国家创新型城市、国际科技产业创新中心、全球海洋中心城市、国际性综合交通枢纽，中国三大全国性金融中心之一。

下一个40年，相信如孙大陟一般的科技工作者定会以雨后春笋之势前仆后继、全力以赴，为中国南方重要的高新技术研发和制造基地的发展贡献力量，用高科技引领祖国未来的发展。

罗 丹

徜徉液晶领域，左手科研右手产业

罗丹，2012年7月在新加坡南洋理工大学电子与电气工程学院获得博士学位；2013年5月加入南方科技大学电子与电气工程系，任助理教授；2018年11月至今，任南方科技大学电子与电气工程系副教授（长聘），现任副系主任。

长期从事液晶光电器件、生化传感、软体机器人及节能智能窗的相关研究工作。在国际期刊发表论文100多篇，申请专利13件，授权4件。曾获得2011年德国卡尔斯鲁厄理工大学颁发的"奥托·雷曼奖"（年度全球唯一获奖人）、2011年国家优秀自费留学生奖、2012年国际光学工程学会光学光子奖学金、2012年国际电子电气工程学会研究生奖（年度全球十人获奖），获评2018年深圳市先进教育工作者，2020年广东省自然科学基金杰出青年项目获得者，入选2013年深圳市海外高层次人才"孔雀计划"（B类）。

主持"孔雀计划"科研启动项目，国家自然科学基金面上项目、青年科学基金项目，教育部留学回国人员科研启动资金，广东省自然科学基金杰出青年项目，深圳市基础研究项目，深圳市学科布局项目，TCL 企业项目，广东省本科高校高等教育教学改革项目等 11 项。作为核心成员参与国家重点研发计划子课题、国家自然科学基金面上项目、深圳市孔雀团队、深圳市学科布局项目 4 项。目前担任中国物理学会液晶分会第八届委员会委员，学术期刊《液晶与显示》青年编委。

"奥托·雷曼奖"鼓励他坚定科研路

罗丹在常德长大，这座城市位于湖南省北部、江南洞庭湖西侧、武陵山下，史称"川黔咽喉，云贵门户"。他从位于湖南常德津市鹿头山上的津市市第一中学考入天津大学，又以考研第一名的成绩获得了天津大学精密仪器与光电子工程学院直博的名额。2007 年，新加坡南洋理工大学电子与电气工程学院招收博士研究生，罗丹顺利被录取，8 月，他登上前往新加坡的航班，继续深造。

罗丹认为，研究生阶段的学习对于整个求学生涯来说是个明显的分水岭。本科毕业前的学习注重"学"，而进入研究生阶段，"探究"比"学习"更重要。这意味着学生的角色定位发生了巨大的转变，进入新的轨迹，需要掌握全新的技能和思考方法，对自主性的要求更高，往往还需要有一些天赋和运气成分的加持。当然，机会永远留给有准备的人，能"接住"运气，也同样需要长时间的勤奋努力。

回忆起在南洋理工大学的读博经历，罗丹坦言压力不小。"每周导师会问我的进展，每个月要开例会做报告这个压力也不小，因为当着很多人的面，如果没有什么实验结果的话，其实是一件很尴尬的事情。"罗丹说道，"学习中要不断看文献，关注学术前沿，还要不断思考自己的研究有没有创新点。对于工科来说，还要看有没有应用前景"。面对学习和科研压力，罗丹通过每周两次的跑步来缓解和释放。虽然过程很痛苦，但凭着不畏困难、义无反顾的执着精神，四年的博士生涯和两年的研究员生活使罗丹受益匪浅，不仅学到很多东西，而且取得了很好的成绩。

罗丹于 2011 年获得国家优秀自费留学生奖，2012 年获得国际光学工程学会光学光子奖学金及国际电子电气工程学会研究生奖（年度全球十人获奖）。更令罗丹感到自豪和骄傲的是，他在 2011 年获得了世界液晶行业的认可，作为年度全球唯一的获奖人，也是第一个来自亚洲大学的学生，荣膺了当年德国卡尔斯鲁厄理工大学颁发的"奥托·雷曼奖"，并亲赴德国领取该奖。

这个奖项对罗丹的人生有非同一般的影响。那时，罗丹面临着对于未来职业发展道路的艰难抉择。因为考虑到自己的研究方向与实际的产业应用距离较远，罗丹一度感到非常迷茫：是应该继续立足学术圈做科学研究，还是应该转行进入看上去更加金光闪闪的金融行业。就在这时，从德国传来了好消息：罗丹成为 2011 年度"奥托·雷曼奖"的全球唯一获奖者。

这个奖项设立于 1998 年，是由德国卡尔斯鲁厄理工大学、罗伯特·博世有限公司和德国默克公司为了纪念奥托·雷曼共同捐资设立的。奥托·雷曼（Otto Lehmann）是德国物理学家，被尊称为"液晶之父"。他首次提出了"液晶"的概念，并把液晶分为"晶状液体"和"液态晶体"两大类。雷曼生前多次被提名诺贝尔物理学奖的候选人，但遗憾的是，他终身未获得此奖。因此，为纪念他的伟大发现和贡献，"奥托·雷曼奖"每年在全球范围内征稿，最终仅遴选出一位在液晶领域完成优秀毕业论文和博士论文的青年科学家，授予该奖。

作为首位来自亚洲大学的获奖者，罗丹打破了由欧美地区高校学生屡屡获奖的惯例，具有历史性的开创，其事迹在新闻通稿中被全面报道，也成为相关领域高校学生圈津津乐道之事。当时，组委会对罗丹的评价为"在液晶光电器件领域做出了杰出的贡献"。获得这项殊荣，令罗丹感触颇深。他突然意识到，自己的研究并非没有意义，这使他加深了对科研的热爱和对未来立足学术、开拓创新的信心。

左手基础研究，右手产业应用

罗丹现在主要从事液晶光电器件、生化传感器、软体机器人及节能智能窗的相关研究工作。关于研究方向，罗丹说，这是在逐渐摸索的过程中实现转变的。工科出身的他，在不断的阅读、学习、思考、验证、推翻、重建的过程中，逐步形成了两条清晰的线路：一条线是努力在学术界创造具有前瞻性和影响力的科研成果，主要以学术论文的形式呈现；另一条线是面向产业，以解决实际应用为导向，满足国家重大需求和解决重大民生问题。这也是罗丹作为研究生导师在课题组带领学生学习成长的两大主要方向。

2013年，学成归国的罗丹顺利进入南方科技大学，任电子与电气工程系助理教授。这时的南方科技大学还犹如一个襁褓中的孩子，各方面的建设都不成熟，开展工作很困难，特别是与学术界的其他同行相比，不管是硬件设施，还是人员配备等软实力，都显得捉襟见肘。

但正由于是一所理念全新的新学校，南方科技大学与罗丹曾在的新加坡南洋理工大学有很多共通之处。南洋理工大学注重教育创新和能力培养，希望学生养成终身学习的良好习惯，并强调人文精神和科学精神共同发展，力求培养出具有独立品格和责任心的全面人才。南洋理工大学的管理体系相当完善，无论是整体框架，还是细节流程，都异常清晰、有条理。这些治学理念与南方科技大学有诸多共通之处。因此，入职南方科技大学，罗丹并没有觉得在工作中有束手束脚的感觉，反而觉得游刃有余。

罗丹以求真务实的态度，在科研道路上敢闯敢试、改革创新，在教学方面追求卓越、明辨笃实，于2018年获评深圳市先进教育工作者，2020年入选广东省自然科学基金杰出青年项目获得者……

2020年3月，罗丹老师带领课题组开发了探测窗口可调的双模式有机光电探测器，成果以"近红外和可见光双模式的有机光电探测器"（Near infrared and visible light dual-mode organic photodetectors）为题发表在《科学进展》上。作为该论文的第一作者及南方科技大学2016届本科毕业生、2016级南科大-香港浸会大学联合培养博士生的蓝钊珏，对导师罗丹教授表达了溢于言表的感激之情："罗丹老师给我提供了接触科研的机会，并一直耐心地指引我完成本科和博士研究生阶段的学习。他是一位友善和关心学生的导师。"在罗丹老师的指导下，蓝钊珏和同学们建立起美国光学学会（The Optical Society of America，OSA）南方科技大学学生分会；他们在南方科技大学附属小学开展了光学知识科普活动，向小朋友们介绍了一系列日常生活中丰富有趣的光学现象。

南方科技大学2017年"十佳毕业生"周泽华这样评价自己的导师罗丹："导师人很好，在我对专业选择感到很迷茫的时候，导师会从自己的专业角度给我创造一些机会，让我对光电增加了解。经过了解，我感觉自己不太合适，就选择了通信类的分支。我很感激罗老师给我提供的指导和帮助。"

作为导师，罗丹会给学生足够的空间来进行自我探究，又会在学生迷茫的时候提供一定的参考范围。对于"约束"和"放手"的艺术，罗丹老师深谙其道，平衡得恰到好处。他永远在思考如何激励年轻人规划自己的发展蓝图，如何带领学生向更高层次的科研目标进发。

从求学到工作，二十多年来，罗丹在实验室度过的时间不计其数。长期的付出，回报以丰硕的成果。这几年来，罗丹陆续在《科学进展》、《科学通报》（Science Bulletin）、《先进光学材料》（Advanced Optical Materials）、《材料化学杂志C》（Journal of Materials Chemistry C）、《光学快报》（Optics Express）等期刊发表论文100多篇，申请专利13件，获授权4件。

由罗丹主持的青年科学基金项目"全有机光子准晶激光器件的辐射机制及可调谐特性研究"已圆满结题，研究主要侧重于探索全有机光子准晶中激光辐射产生的内在规律，以及通过外界条件激励对液晶性质的影响，实现多模式调谐 H-PDLC 光子准晶激光器技术，项目最终研制出具有新型光子准晶结构和激光增益介质的可调谐光子准晶激光器件，并在项目执行期间共发表 SCI 期刊论文 24 篇。

科技在发展，市场有需求，可调谐透镜已成为国内外科学家的研究热点之一。基于胆甾相液晶自组装的 Pancharatnam-type phase 透镜具有可调谐、易制备、低成本的优点，在光学传感领域具有良好的应用前景。罗丹带领课题组成员，经过一系列研究，首次提出了一种基于偶氮苯手性剂掺杂胆甾相液晶的光可开关、可调谐的双稳态微透镜。相对于早先报道的微透镜而言，光控双稳态、可调谐微透镜技术提供了全新的可能性，可用于成像、传感等应用领域。课题组还在基于多层胆甾相结构的高反射彩色液晶薄膜方面有了突破性研究，提出了一维光子晶体胆甾相结构高反射、亮丽色彩薄膜的制备技术，对于提升我国液晶专项研究水平、拓展应用场景，开创了全新的科研思路和方向。

近年来，以薄膜半导体为基础的光电探测技术在环境检测、健康诊断及安防监测等诸多领域展现出良好的应用前景。罗丹了解到，传统的光电探测器只有一个工作模式，探测光谱的波长窗口还不可调。为此，罗丹课题组经过研究后提出了一种近红外和可见光的双模式/双波段可调的有机薄膜光电探测器，具有近红外和可见光两种不同波段光响应的工作模式，为光探测技术提供了新的可能性，可用于不同波长的成像、环境污染探测、医疗健康和安防监测等领域。

面对日新月异的社会变革，罗丹对于未来的科研工作有自己的谋划和展望。罗丹希望自己能够在光控和电控的液晶弹性体软体机器人及增强现实显示方面取得技术性的突破。为了这一目标，罗丹已经在秣马厉兵，徜徉在液晶领域之海洋中，力求开创出属于罗丹及其团队的一片全新天地。

谭 斌

坚守冷门领域，把冷板凳坐热

谭斌，南方科技大学终身教授，化学系副主任、博士生导师。2001年，本科毕业于湖南科技大学。2005年，硕士毕业于厦门大学化学系。2010年，博士毕业于新加坡南洋理工大学化学与生物化学系，导师为钟国富教授，研究方向为新型手性有机催化剂的设计及不对称多米诺反应的研究。2010年3月至2012年9月的博士后期间，在有机小分子催化领域的发源地——美国斯克普斯研究所继续从事催化不对称合成的研究。2012年9月，以准聘副教授身份加入南方科技大学化学系。2018年1月，晋升为教授。到目前为止，在轴手性化学、不对称多组分反应、自由基化学以及协同催化领域发表高水平研究论文80多篇，其中包括以第一作者或通讯作者身份发表的1篇《科学》、3篇《自然·化学》(Nature Chemistry)、3篇《自然·催化》(Nature Catalysis)、7篇《自然·通讯》、8篇《美国化学会志》、15篇《德国应用化学》(Angewandte Chemie)、1篇《化学研究述评》(Accounts of Chemical Research)、1篇《化学评论》(Chemical Reviews)，论文总他引超过6000次。目前担任《中国科学-化学》和《中国化学》青年编委。

在关键的时刻做出正确的选择

近年来，深圳大力发展高等教育。作为中国高等教育改革的"试验田"，南方科技大学在深圳市政府的支持下，培养了一大批青年杰出人才，在世界级的科研平台上崭露头角。

谈到有机化学领域，迅速成长起来的南方科技大学化学系绝对是一支不可忽视的力量。

谭斌就是南方科技大学化学系的一员。

2012年，谭斌在新加坡南洋理工大学即将结束博士后生涯。已经基本确定毕业去向的他，放弃了终身制教授、博士生导师等优厚待遇，以合同制的准聘副教授身份进入南方科技大学。身边的朋友都对他的这个选择感到不可思议。但谭斌说道："我在南洋理工念博士的时候，听说要建一所全新的大学，对中国高等教育改革进行一些探索。当时就感觉心里暖暖的，像一股暖流涌上心头，感觉这就是我将来想去工作的地方。"

和其他首批进入南方科技大学工作的同事一样，谭斌是个有情怀的人。"我第一次来南科大的时候只有4栋楼，学生宿舍、餐厅、办公楼、教学楼各一栋，一进来感觉根本不像一所大学。"谭斌回忆道。南方科技大学建校初期，在资源极度缺乏的过渡校区，实验室和仪器设备都没有。化学是一个以实验为基础的学科，没有设备，简直寸步难行。可是做科研的黄金时期就那么几年，没有条件，谭斌团队想尽办法创造条件。当时的谭斌团队更确切地说应该是"谭、刘课题组"，由谭斌与同系的刘心元教授两名年轻的学术带头人和若干名研究人员组成。一室多用是他们在最初的一贯做法。一间教室，在没有课的时候，他们利用教室里的4个通风橱做实验；有课的时候，就把实验用具收起来腾地方给学生上课。那时候，化学系既没有博士后也没有助手，所有事情都要靠谭斌和同事们自己张罗。做好的样品没有检测仪器，他们利用自己的关系带到香港找仪器检测。来的时间长了，与周边的学校和科研院所［如深圳先进院和北京大学深圳研究生院（简称北大深研）］慢慢熟悉起来，就借用他们的仪器设备做一些测试。谭斌说道："我特别感谢北大深研院的吴云东院士。虽然我们会交一些测试费，但是他们提供这个平台给我们使用，胸怀非常宽广，我们非常感激。"对当时的谭斌团队来说，核磁共振仪是最重要的仪器。而深圳先进院刚好有一台，经过多次沟通，在南方科技大学部分经费的支持下，谭斌团队一天可以使用 4 个小时。这才解决了最初的困境。谭斌说道："现在回想起来，这个过程真是挺艰辛的。"后来搬到新校区，实验室是一个毛坯房，谭斌亲力亲为地搞装修。通风管道、实验台面、通风橱的设计，通风管道的改进，都是由他和同事自己完成的。新实验室的启用时间是 2014 年 10 月 8 日。这个日子，谭斌记得清清楚楚，终于拥有了属于自己的实验室。这时距离谭斌加入南方科技大学已经过去 2 年多的时间了。

在南方科技大学，全员聘任制、六年"非升即走"的制度，让谭斌一度承受着很大的心理压力。但压力就是动力，风险始终和机遇并存。谭斌一度承受着很大的心理压力，但风险始终和机遇并存。对谭斌来说，这所新建的大学里蕴藏着无限的机遇。谈起现在的发展，谭斌感到很满意，对南方科技大学的成绩也感到非常骄傲和自豪。契合的理念和优质的平台成就了当年的"愣头青"。

用"不服输"的劲头做科研——在《科学》上署名

近年来，谭斌屡屡有科研成果问世，不仅在国内获得了许多奖项，在世界级的学术期刊上也有高水平的研究论文发表。

2018 年 9 月 14 日，谭斌团队在国际顶尖学术期刊《科学》上以长文的形式在线发表了题为"Asymmetric phosphoric acid catalyzed four-component Ugi reaction"的论文。这项成果是第一篇全过程在南方科技大学完成的，并以第一通讯单位发表的《科学》文章。这一基础研究的突破，解决了近 60 年来合成化学家一直挑战的科学难题，即怎样实现 Ugi 四组分反应立体化学的有效控制。

Ugi 四组分反应是一项广泛应用于药物发现的反应。这个反应发现于 20 世纪 60 年代，在有机化学中具有举足轻重的地位。但是，传统的 Ugi 反应所得到的分子一般是难以分离的消旋体（含一对对映异构体）。然而，借助现有的合成手段只合成其中一个异构体又非常困难，并且效率低下。半个世纪以来，全球的科学家们"苦思冥想"，一直没有找到只合成一个对映异构体的有效方法。

在有机催化发展的 20 多年间，许多涉及亚胺（一种化学物质）的不对称催化反应都是通过手性磷酸解决的。四组分 Ugi 反应也涉及亚胺，一个关键的中间体是亚胺，但是一直没有人能够利用手性磷酸（哪怕是其他类型的手性催化剂）成功实现催化不对称的四组分 Ugi 反应。背后的原因很复杂，包括反应体系组分多、反应复杂、立体控制难，尤其是背景反应强烈。谭斌团队"独辟蹊径"地采取了手性磷酸来解决这个科学难题。

手性磷酸是谭斌课题组的一件"独门利器"。课题组之前的很多创新成果都是使用该方法解决的。例如，2015 年，谭斌课题组实现了磷酸催化的不对称 Passerini 三组分反应。但是，即便手握"利器"，立体化学问题的解决也并非"一蹴而就"。

简单来说，实验过程中的关键点和难点在于科研人员需要将一项指标（即对映体过量指标）提升至 90% 及以上。然而在刚起步的时候，该指标的结果要么是 0，要么是 10% 以下，一直无法达到需要的数值。团队的成员们日复一日地更新实验设计，不断地实施实验和分析结果，对映体过量也只能从刚开始的 0，慢慢提升至 80%，但始终没法达到预计的数值。这让谭斌团队的成员们感到非常苦恼，研究也一度陷入僵局。

谭斌表示，当时课题组的成员们都感到束手无策，但是仍然坚持攻关。他们坚持筛选条件，排查原因，把所有可以试的方法都尝试了一遍。在最后关头，课题组意外地做出了一种新型催化剂，他们决定试一试。结果是可喜的，使用了这个新催化剂后，对映体过量指标一下子做到 90% 以上。

使用新型催化剂，立体选择性的四组分 Ugi 反应是实现了，但是他们并没有满足。谭斌认为这个反应的适用范围还有提升的空间，"肯定还有路可走"。于是，整个课题组不怕费工夫，又从头仔细梳理了一遍实验过程。他们认为，进一步扩展这个反应的底物组合，就可以更广谱的方式解决问题。课题组的张健博士说道："我们就是要做到更好。"

然而，改变底物的组合意味着需要改变整个实验和研究的方法体系（不同类型的亚胺反应的性质差别很大），这对于团队来说是一个不小的挑战。但是，他们还是毅然地选择重新开始，对各种反应的条件进行了摸索。经过将近一年的探索，他们终于获得了满意的结果。他们的方法体系所适用的范围进一步得到扩展。

在实验完成后，文章进入第一轮投稿阶段。返回的审稿意见是希望作者能够提供充分的机理研究，但机理研究非谭斌团队的专长。

为此，谭斌教授联合理论计算化学的大牛、加利福尼亚大学洛杉矶分校的肯德尔·霍克教授[①]在理论计算的层面对这一科学问题进行研究，获得了详尽的反应机理和创新性的研究结论，也为相关研究提供了新思路。理论计算还表明，手性磷酸对于该项研究的成功至关重要。

这项研究从 2015 年开始，到 2018 年 5 月，这项工作终于画上了圆满的句号。由于 Ugi 四组分反应具有高度原子经济性、步骤经济性及汇聚式的合成等特点，被广泛地应用于药物发现和杂环骨架、天然产物、大环化合物、聚合物及其他一些功能分子的合成中。如今，催化不对称 Ugi 四组分反应的实现，有望进一步促进化学及相关学科的发展，如不对称多组分反应的研究、大位阻手性磷酸在有机合成中的应用、基于亚胺的催化不对称反应的研究、药物发现、手性材料的开发、生命科学的研究等。

---

① 肯德尔·霍克（Kendall N. Houk）教授：美国理论与计算机科学家。1943 年 2 月出生于美国田纳西州，1968 年获哈佛大学博士学位。现任美国加利福尼亚大学洛杉矶分校化学与生物化学系 Saul Winstein 讲座教授。

用"不服输"的劲头做科研——获省级一等奖

2020年，谭斌团队凭借另一个项目——"有机催化的不对称轴手性化学"荣获广东省科学技术奖自然科学一等奖，为全省11项自然科学奖一等奖之一，也是南方科技大学首个省级科技奖励一等奖。对于获得这项荣誉，谭斌感到很自豪，但并不感到意外，认为这是自己在这个科学领域耕耘多年的水到渠成。

从2014年开始，谭斌就从事了轴手性化学的研究，发表了第一篇文章。"中心手性化学和轴手性化学是手性化学的两个重要研究方向。当时，中心手性化学比较热门，研究较系统，但轴手性化学的研究比较冷门，很少有人去系统地研究。因为轴手性分子固有的一些局限，很多人觉得没有研究前景。但轴手性分子在不对称催化领域作为手性配体或催化剂也被广泛使用，在药物、材料中也大量存在，涉及的领域很广。"谭斌说道。

这几年里，谭斌团队在轴手性化学领域不断突破。他们利用有机催化这一绿色新兴技术，在不对称轴手性化学领域取得了一系列标志性的研究成果，并发表在《科学》、《自然·化学》（*Nature Chemistry*）等国际顶级期刊，推动轴手性化学研究的快速发展，将对映选择性有机催化推向了新的高度，也因此获得广东省科技一等奖。

随着谭斌团队的"开疆辟土"，越来越多的团队也留意到这块科研的新园地。"原先一些优势轴手性配体和催化剂的成本非常高，1克可能就需要1万元，而我们开发了新的合成方法，现在1克只要几百元，大大降低了生产成本，让更多的科研工作者受益。"谭斌介绍到，现在全世界已有100多个团队进到轴手性化学研究领域。2020年，不对称轴手性化学已经入选化学与材料科学的十大热点前沿。"我们是把'冷板凳'坐热了。"谭斌欣慰地表示。

"轴手性化学这个领域，现在我们已经把它做热了，但我们还想把它带到更高的高度。"谭斌说道。他把2020年参加会议时与两位诺贝尔化学奖得主野依良治[①]和本·费林加[②]的合影洗出来装裱在墙上。"这两位诺奖得主都希望我们做出更多的成果。我想这些前辈的鼓励也会一直鞭策着我们，在这个领域继续做出突破，为科学世界做出更大的贡献。"谭斌说道。

[①] 野依良治（Ryoji Noyori）：日本著名有机化学家，博士，毕业于京都大学。现任名古屋大学教授、日本学士院院士、外籍中国科学院院士。2001 年获得诺贝尔化学奖。
[②] 本·费林加（Ben Feringa）：荷兰合成有机化学家、荷兰格罗宁根大学斯特汀化学研究所冠名分子学杰出教授、荷兰皇家科学院科学委员会主席。因"分子机器的设计和合成"，他与弗雷泽·斯托达特和让-皮埃尔·索瓦日共同获得了 2016 年的诺贝尔化学奖。